AF406331

Eutanasia
il Parlamento si faccia vivo

L'urgenza di una buona legge
per vivere liberi fino alla fine

ASSOCIAZIONE
LUCACOSCIONI
per la libertà
di ricerca scientifica

goWare

In partnership con

Con il sostegno di

Questo libro racchiude gli interventi dei relatori che hanno partecipato al convegno "Liberi fino alla fine: il Parlamento si faccia vivo", organizzato il 19 marzo 2015 al Senato della Repubblica dall'*Associazione Luca Coscioni*, soggetto costituente il Partito radicale.

Per rivedere e riascoltare il convegno è possibile consultare questo link:

www.radioradicale.it/scheda/436179/liberi-fino-alla-fine-il-parlamento-si-faccia-vivo-lurgenza-di-buone-regole-e-buona

Pagina dell'evento:

www.eutanasialegale.it/articolo/19-marzo-roma-convegno-sul-fine-vita

Siamo su:

www.associazionelucacoscioni.it

www.facebook.com/associazionecoscioni

www.twitter.com/ass_coscioni

https://plus.google.com/+AssociazioneLucaCoscioniIt

Al link www.associazionelucacoscioni.it/contributo è possibile trovare tutte le informazioni per sostenere l'Associazione Luca Coscioni per la libertà di ricerca scientifica.

Ci puoi scrivere a info@associazionelucacoscioni.it o chiamare allo 06 68979286.

Indice

Introduzione

I limiti imposti dal rispetto della persona umana
di FILOMENA GALLO

FILOMENA GALLO, Segretario dell'Associazione Luca Coscioni, avvocato patrocinante le giurisdizioni superiori, docente a.c. all'Università di Teramo "Legislazioni e bioetica nelle Biotecnologie in campo umano"

Come associazione A buon diritto e come *Associazione Luca Coscioni* abbiamo voluto questo momento di confronto e di riflessione su un tema importante e attuale: le scelte di fine vita. Tema oggi fuori dall'agenda politica e istituzionale, ma quanto mai dentro la società, che vede altri Paesi legiferare per dare risposte concrete ai propri cittadini.

Lo scorso anno il Presidente della Repubblica Napolitano ha sollecitato il Parlamento sulle questioni riguardanti il fine vita. Credo che la sua lettera non sia stata facile, ma c'è stata e ha rappresentato un atto importante e significativo. Il Presidente Napolitano, nel pieno delle sue funzioni, ha sollecitato i legislatori italiani a dare risposte, risposte che ancora non ci sono state. Non si è nemmeno avviata una discussione all'interno del Parlamento.

Chi sono questi cittadini che aspettano risposte? Siamo tutti quanti noi, sono i cittadini che per ricevere l'eutanasia si recano all'estero anche andando non molto lontano, basta arrivare in Svizzera. Sono quelle persone costrette a compiere atti estremi, tragici e dolorosi per porre fine alla propria esistenza in un momento di grave debolezza dovuto a gravi malattie. Sono le persone che si dichiarano a favore delle scelte di fine vita, che si aspettano risposte per non vedere opposte alla loro volontà, le omissioni di chi non vuole dare esecuzione a quelle scelte. Insomma, sono tutte quelle persone che scelgono di essere libere fino alla fine.

Certo, chi non è d'accordo non sceglierà mai di ricorrere all'eutanasia, farà, se ritiene, un testamento biologico in cui non rifiuta nessuna cura e merita tutta l'assistenza possibile, il pieno rispetto dei propri diritti. Dall'altro lato abbiamo persone che vogliono esercitare una libertà che riteniamo sia un diritto fondamentale.

Nell'articolo 32 della nostra Carta costituzionale la salute è definita un diritto fondamentale: nessuno può essere obbligato a un determinato trattamento sanitario se non per disposizione di legge. Questo intervento, tuttavia, è ammissibile solo nei casi in cui vi sia una ragione sociale rilevante. Non a caso quell'articolo si conclude con parole molto nette: la legge non può in nessun caso violare i limiti imposti dal rispetto della persona umana. In nessuna altra Costituzione, bisogna sottolinearlo, si trova una norma così impegnativa. Si individua così un'area dell'indecidibile, preclusa a qualsiasi intervento legislativo. Quest'area è ben definita nella nostra Carta Costituzionale, ed è sottratta alla competenza parlamentare per essere attribuita alla libertà di scelta delle persone. Questa linea costituzionale è stata confermata da decisioni nei tribunali che non hanno un semplice valore simbolico, ma che creano una giurisprudenza.

Anche i registri dei testamenti biologici non hanno un valore puramente simbolico, perché consentono di accertare l'effettiva volontà di una persona superando anche quelle polemiche che accompagnarono la vicenda di Eluana Englaro.

Siamo voluti partire da questo quadro di principi per elaborare una proposta di legge di iniziativa popolare sulla legalizzazione dell'eutanasia e il pieno riconoscimento del testamento biologico. Questa proposta di legge, come ben sapete, è stata depositata nel settembre del 2013 presso la Camera dei Deputati e a oggi nessun gruppo politico ha chiesto di discuterla.

Sappiamo che questo lavoro può costituire il riferimento per una discussione parlamentare finalmente liberata da ogni pretesa fondamentalista. Già in passato ho segnalato che è importante in questo momento tenere uniti idealmente diversi punti di vista possibili per affrontare questo tema. I punti di vista da tenere presenti sono il confronto teorico, le proposte legislative, e le singole vicende.

Se noi ci limitassimo a uno solo di questi aspetti senza tenere presente gli altri, rischieremmo di volta in volta di perderci sull'astrazione teorica, nel politicismo o peggio ancora nel pietismo. Non vogliamo questo.

Il nostro obiettivo è dare buone risposte alle singole esigenze individuali, realizzare buone regole all'interno di istituzioni che dovrebbero essere laiche, rispettose del principio dell'autodeterminazione individuale.

Come *Associazione Luca Coscioni* e Comitato Eutanasia legale, siamo convinti che per portare a termine questa impresa sia fondamentale unire tutte le forze.

Spero che vi unirete a noi in questo grande lavoro che stiamo portando avanti. Il Parlamento non può subordinare i diritti delle persone – e intendo con questo l'intero ciclo dell'esistere, nascere, vivere e morire – alle convenienze di partito oppure della maggioranza di Governo.

Ho voluto fare questo breve intervento tracciando un po' i passi da cui siamo partiti, ma sono passi che vanno più in là nel tempo. A ritroso ricordiamo Piergiorgio Welby, la sua scelta e la sua lettera a Giorgio Napolitano, la scelta di Luca Coscioni di non essere tracheostomizzato e la scelta di tante persone che non ci sono più e che avrebbero voluto essere liberi di scegliere.

Messaggi di apertura

Messaggio
di MASSIMO FANELLI

MASSIMO FANELLI, 54 anni, malato di Sclerosi Laterale Amiotrofica, animatore del Comitato #IoStoConMax

Onorevoli parlamentari,
mi chiamo Massimo Fanelli, ho 54 anni e dal mese di settembre 2013 sono malato di SLA. Progressivamente ho perso ogni autonomia e forza muscolare. Ora sono allettato ed ho bisogno di assistenza 24 ore su 24. Respiro grazie alla tracheotomia e mi alimento via PEG. Vivo, o sarebbe meglio dire "sopravvivo", nel disagio psicofisico di questa patologia che tra dolori e disagi psicologici raggiunge e supera spesso il limite della sopportazione e della dignità umana. Tutto questo è aggravato dalle leggi in vigore che non prevedono, né regolamentano, il diritto all'eutanasia come in molti paesi civili. È umano e nobile quindi, difendere il diritto all'autodeterminazione ed alla libertà di scelta dei malati terminali, il diritto di decidere come e quando porre fine alla propria vita in modo da evitare atroci sofferenze e difendendo quella componente indispensabile della nostra libertà: la dignità. Questo fino a quando il Governo non esaminerà la proposta di legge di iniziativa popolare sostenuta dall'Associazione Luca Coscioni e dal comitato Eutanasia legale, depositata alla Camera dei Deputati già il 13 settembre 2013.

Con questo mio messaggio, spero di trovare un prezioso supporto per la difesa del diritto di ogni uomo all'autodeterminazione, nel pieno rispetto degli altri e con unico giudice la propria coscienza. Grazie per la vostra disponibilità ed attenzione.

Messaggio
di WALTER PILUDU

WALTER PILUDU, già Presidente della Provincia di Cagliari; 64 anni, malato di Sclerosi Laterale Amiotrofica

Mi chiamo Walter Piludu, ho 64 anni e dall'agosto del 2011 sono malato di SLA. Da settembre 2013 vivo attaccato, 24 ore su 24, a un respiratore che insuffla aria nei miei polmoni attraverso un tubo collegato al mio naso. Anche se in letteratura medica questa metodica è definita " non invasiva", non c'è dubbio che la mia fisicità sia violata e che io viva la presenza di questo tubo come un fatto invasivo.

Orbene, circa due mesi fa ho chiesto un colloquio con il medico rianimatore designato dal Servizio Sanitario Nazionale. Nel corso del colloquio, con la voce di mia moglie – che è anche ai sensi di legge il mio amministratore di sostegno – gli ho chiesto se avrei potuto contare su di lui se e quando, come ho scritto in un documento firmato alla presenza di due testimoni, avessi deciso, previa sedazione, di farmi scollegare dal respiratore. Dopo un imbarazzato e penoso tentativo di cambiare discorso, il medico alla fine mi ha risposto con un "No", lui non era disponibile.

Turbato per il rifiuto all'assistenza non ho voluto conoscere le sue motivazioni, se fossero per timore di conseguenze penali o per convincimenti religiosi. Così ho sperimentato sulla mia pelle quanto l'art. 32 della Costituzione e le numerose sentenze che autorizzano il malato consapevole a ottenere l'interruzione di trattamenti sanitari, siano di remota e incerta applicazione.

Nel paese delle amnesie e delle obiezioni, se non si dispone del tempo e della forza d'animo di Beppino Englaro, ignobilmente accusato di assassinio da reazionari di ogni specie, che solo dopo anni di battaglie ottenne di poter far staccare la spina a Eluana con il permesso della legge, per ottenere il rispetto di un diritto bisogna ricorrere a sotterfugi o suppliche.

Serve dunque un'azione di diritto positivo, serve una legge che affermi e tuteli il riconoscimento di un diritto fondamentale dell'individuo, nell'applicazione del principio di autodeterminazione, principio intangibile per ogni essere umano e non solo per un Papa.

Per questo motivo, nell'autunno scorso, ho scritto una lettera aperta a otto leader di tutte le parti politiche, trasmessa poi anche alle più alte cariche dello Stato e al Papa.

L'obiettivo di questa fitta attività – peraltro unilaterale, fatta eccezione per una lettera di vicinanza dal Vaticano e di una telefonata di solidarietà da Beppe Grillo – era appunto quello di invitare tutte le forze ad uscire dalle rispettive casematte ideologiche.

D'altra parte, cattolici e laici sono uniti nella difesa della vita umana – per i primi in quanto dono di Dio, per i secondi "in re ipsa" – come valore supremo. È doveroso allora ricercare con tenacia e trovare con altrettanta determinazione un terreno comune di incontro, alimentato dalla pietas cristiana e dalla tolleranza laica, capace di offrire il retroterra condiviso per una legge seria e rigorosa sul fine vita.

Sono sicuro che se si assumerà la bussola del principio di autodeterminazione, come nella vicenda umanissima di papa Wojtila, le persone pure di mente e di cuore sapranno far cadere le barriere, collocare concetti e termini oggi divisivi in un quadro culturale e giuridico rispettoso di tutti, e allo stesso tempo realizzare finalmente una nuova grande conquista di civiltà per tutti gli uomini e le donne di questo Paese.

Questa è la mia attesa, questa è la mia speranza.

Messaggio
di LUIGI BRUNORI

LUIGI BRUNORI, 67 anni, malato di Sclerosi Laterale Amiotrofica

Faccio appello ai gruppi parlamentari di presentare una proposta di legge che introduca la "desistenza terapeutica" contro le norme che producono accanimento terapeutico in applicazione dell'articolo 32 della Costituzione italiana: "La Repubblica tutela la salute come fondamentale diritto dell'individuo e interesse della collettività, e garantisce cure gratuite agli indigenti. Nessuno può essere obbligato a un determinato trattamento sanitario se non per disposizione di legge. La legge non può in nessun caso violare i limiti imposti dal rispetto della persona umana".

Per quanti dicono che questo introdurrebbe l'eutanasia possiamo dire che lo stesso catechismo cattolico all'articolo 2278, emanato dalla chiesa nel 1997, definisce l'accanimento terapeutico e consiglia l'interruzione delle terapie. Riportiamo per intero l'articolo suddetto: "L'interruzione di procedure mediche onerose, pericolose, straordinarie o sproporzionate rispetto ai risultati attesi può essere legittima. In tal caso si ha la rinuncia all'accanimento terapeutico. Non si vuole così procurare la morte: si accetta di non poterla impedire. Le decisioni devono essere prese dal paziente, se ne ha la competenza e le capacità, o, altrimenti, da coloro che ne hanno legalmente il diritto, rispettando sempre la ragionevole volontà e gli interessi legittimi del paziente".

Secondo le nostre concezioni del mondo cattolico, diremmo che questo articolo è stato scritto da un laico. Per formulare la proposta di legge potremmo suggerire, al limite, di copiare il testo del catechismo e non credo che i cattolici potranno dire cose diverse da quanto dice la Chiesa. Raggiungere questo obiettivo significa porre il nostro Paese al pari dei paesi europei.

Ho dato vita a questo appello perché c'è un vuoto legislativo nonostante la presenza dell'articolo 32 della Costituzione italiana.

In Senato è stata depositata una proposta di legge ai tempi del caso Englaro. Fortunatamente non è diventata legge, perché equiparava il respiratore artificiale a una protesi dentaria. Era palese la finalità di questa proposta che sfruttando il caso Englaro annientava le volontà del malato contro lo stesso dettato costituzionale.

So della difficoltà che incontra questo appello, ma non voglio abbandonare la lotta per avere una legge giusta che rispetti le volontà del malato. Attualmente le associazioni Luca Coscioni e Viva la vita mi sostengono e sono disponibili a supportarmi tecnicamente nella stesura della proposta. Raccogliendo le adesioni all'appello, ho raggiunto circa 200 risposte.

Saluti istituzionali

Messaggio
di LAURA BOLDRINI

LAURA BOLDRINI, Presidente della Camera dei Deputati

Non posso essere con voi per contemporanei impegni parlamentari, ma voglio comunque farvi giungere un segno della mia attenzione alla vostra iniziativa e alle questioni che tornate a sollevare. Resto infatti convinta, come avevo scritto nel settembre scorso al Congresso dell'*Associazione Luca Coscioni*, che in temi di diritti civili le istituzioni e la politica siano in forte ritardo rispetto al sentire diffuso della nostra società. E questo ritardo assume troppo spesso la forma del silenzio, mentre in altri Paesi – penso al voto a larghissima maggioranza dell'Assemblea nazionale francese – l'istituzione parlamentare non si sottrae alle proprie responsabilità. Sappiamo bene tutti quanto sia delicato un tema come il fine vita, e quanto profonde siano le sue implicazioni di ordine etico, religioso, sociale. Ma la risposta a questa complessità non può continuare a essere la scelta di non scegliere, che lascia soli sia i cittadini sia gli operatori del settore sanitario. Spero dunque che il nostro Parlamento voglia al più presto affrontare la questione, ed auspico che questo avvenga senza innalzare gli stendardi di opposti oltranzismi, ma nel segno di una grande capacità dio ascolto reciproco tra le diverse sensibilità che vivono nella coscienza del Paese.

Lo dobbiamo anche a chi, come voi, in questi anni ha sollecitato le Camere ad intervenire ricorrendo allo strumento costituzionale della proposta di legge di iniziativa popolare. Anche da questo punto di vista devo registrare un nostro ritardo: non parte la discussione dei testi arrivati in Parlamento sulla spinta delle firme di decine di migliaia di cittadini, su questo come su altri temi. Voglio dunque sollecitare una volta di più le diverse forze politiche, come ho già fatto varie volte sia nella Conferenza dei capigruppo della Camera che in interventi pubblici, ad evitare che le proposte di legge di iniziativa popolare continuino ad essere ignorate quando si tratta di calendarizzare le questioni sulle quali le Commissioni e l'Aula sono chiamate ad impegnarsi. Al riguardo registro una positiva novità di prospettiva, contenuta nel disegno di riforma costituzionale già votato in prima lettura dal Senato e dalla Camera: la riformulazione dell'articolo 71 sull'iniziativa popolare, pur nell'innalzare da 50mila a 15mila il numero di firme necessarie, stabilisce infatti che "la discussione e la deliberazione conclusiva sulle proposte di legge d'iniziativa popolare sono garantite nei tempi, nelle forme, e nei limiti stabiliti dai regolamenti parlamentari". Dovrà dunque cessare questa indeterminatezza per la quale le proposte dei cittadini restano nei cassetti delle Commissioni. E questo impegno è già evidenziato nella bozza di riforma del Regolamento della Camera che conto arrivi presto al voto dell'Aula di Montecitorio. Ma intanto, in attesa che le riforme della Costituzione e del Regolamento proseguano il loro iter, voglio sperare che per iniziativa dei gruppi parlamentari la questione che è al centro del vostro dibattito di oggi possa svolgersi presto nella sede parlamentare. Vi rivolgo dunque i migliori auguri di un proficuo lavoro.

Messaggio
di BEATRICE LORENZIN

BEATRICE LORENZIN, Ministro della Salute

Voglio, innanzitutto, ringraziare per il graditissimo invito a prendere parte al Convegno "Liberi fino alla fine: il Parlamento si faccia vivo – L'urgenza di buone regole e buona informazione su testamento biologico ed eutanasia", che si terrà il 19 marzo.

Avrei sinceramente desiderato intervenire per portare il mio personale saluto a tutti voi e per essere presente a un evento così importante; impegni precedenti mi impediscono, tuttavia, di partecipare.

Il Convegno vede la presenza di un panel nutrito di esperti nell'argomento da voi proposto, che consente di affrontarne i diversi ambiti: dal giuridico al medico, a quelli dell'informazione, della politica e istituzionale.

D'altra parte la complessità del tema richiede riflessioni e confronti articolati, a più livelli, e deve necessariamente tenere conto dei diversi orientamenti culturali e politici presenti nel nostro paese, oltre che, più in generale, del quadro internazionale, con tutte le sue peculiarità. Il contributo di ogni relatore e invitato sarà perciò importante ai fini della buona riuscita dell'iniziativa.

Nell'inviare agli organizzatori e agli intervenuti un cordiale saluto, auguro a tutti buon lavoro.

La libertà di scelta è un diritto fondamentale
di ILARIA BORLETTI BUITONI

ILARIA BORLETTI BUITONI, Sottosegretario di Stato del Ministero dei Beni, delle Attività Culturali e del Turismo

Prima di tutto vorrei ringraziare l'*Associazione Luca Coscioni* per avermi invitata e per avermi dato la possibilità di parlare di un tema che 25 anni fa era già stato al centro di una mia piccola battaglia insieme a una persona, Guido Tassinari, che si impegnò drammaticamente attorno al diritto di decidere sul proprio fine vita.

Adesso sono in Parlamento, lo sono da due anni, sono al Ministero dei Beni culturali. Qualcuno potrebbe dire: "Cosa c'entra la cultura con questo tema?". C'entra enormemente. Credo che la prima cultura alla quale dobbiamo pensare, è proprio quella dei diritti. Oggi si parla molto di diritti costituzionali. Questa parola, "Costituzione", viene usata e qualche volta abusata. Si parla del diritto al lavoro, del diritto alla salute, del diritto alla scuola, ma il diritto di decidere come terminare la propria vita, il diritto di tutelare la propria dignità, è sempre secondario in rapporto agli altri. Questo è segno di un ritardo colpevolissimo di questo nostro Paese. Non sopporto sentir parlare di "zone grigie" quando si parla della vita, quando si parla della sofferenza, quando si parla di decisioni drammatiche, quando si parla di libertà individuali. Non è tollerabile lasciare questi ambiti a delle "zone grigie", non è tollerabile lasciarli al privilegio di chi può lasciare l'Italia o di chi può servirsi di canali paralleli.

La battaglia che oggi si sta conducendo porta il nostro Paese a fare un salto in avanti in quel misuratore di civiltà che oggi serve per definire se un paese tutela i diritti di tutti e non solo quelli di alcuni. La parola "laico" vuole dire questo. Significa essere pronti a un confronto che si apre. Naturalmente l'ambito è delicatissimo, le sensibilità sono molte e diverse.

Con Ivan Scalfarotto e Luigi Manconi, abbiamo promosso una raccolta di firme tra i parlamentari. Hanno sottoscritto l'appello in circa quaranta. Mi direte: "Non sono molti". Io stessa sono stata colpita da quanto siano pochi a voler calendarizzare la proposta di legge che giace in Parlamento dal 2013.

Il mio impegno punterà a questo risultato fino a che sarò in Parlamento, affinché finalmente si affronti quello che tra tutti i diritti ritengo forse il diritto fondamentale, cioè quello di determinare che cosa si vuole fare della propria vita. Un diritto che non può essere oggetto di silenzi, non può essere oggetto di rallentamenti, non può essere oggetto di ritardi.

Ricorderò sempre un'immagine che mi è rimasta impressa. L'immagine di quel parlamentare che urlò al padre di Eluana Englaro: "Assassino!". Me la ricorderò sempre come un'immagine barbara dell'attività parlamentare.

Contro questa barbarie, contro le "zone grigie", si deve sempre combattere. Voi lo fate, lo fate da sempre, lo fanno coloro che hanno scritto i precedenti messaggi da situazioni drammatiche, quindi con coraggio immenso.

Fine vita: il ruolo del Comitato Nazionale di Bioetica
di LORENZO D'AVACK

LORENZO D'AVACK, Vicepresidente vicario del Comitato Nazionale di Bioetica

Il Comitato Nazionale per la Bioetica si è più volte interessato nell'arco di questi decenni al tema della "vita morente", tema che assume una rilevanza bioetica fondamentale, in quanto la morte investe la nostra stessa esistenza e rappresenta l'orizzonte ultimo del nostro vivere.

Diversi i documenti tra cui: *Questioni bioetiche relative alla fine della vita umana*, 1995; *La terapia del dolore: orientamenti bioetici*, 2001; *Dichiarazione anticipata di trattamento*, 2003; *L'alimentazione e l'idratazione dei pazienti in stato vegetativo persistenti*, 2005; *Mozione sull'assistenza a neonati e a bambini afflitti da patologie o da handicap ad altissima gravità e sull'eutanasia pediatrica* e infine *Rifiuto e rinuncia consapevole al trattamento sanitario nella relazione paziente-medico*, 2008.

È stato fatto un serio sforzo di riflessioni e di dibattito sulla bioetica della morte. Eludere o peggio rimuovere il problema, ebbe a scrivere il CNB, non è degno né di una società civile come la nostra, che è chiamata a costruire il proprio futuro (e quello delle generazioni che verranno) democraticamente: non a partire da pregiudizi o ideologie, ma da valutazioni etiche, politiche e sociali. E il CNB ha sempre auspicato che le proprie posizioni siano lette e discusse col rispetto che esso dichiara di nutrire verso tutte le posizioni diverse, su cui il Comitato ha riflettuto pur senza farle proprie.

Nel leggere questi documenti e nell'ambito delle diverse situazioni esaminate soprattutto nel rapporto paziente/medico, all'interno del Comitato sono emerse diverse opinioni sia a livello bioetico che biogiuridico, alcune divergenti altre condivise.

La diversificazione, che d'altronde è quella che si è soprattutto riscontrata anche nei progetti di legge, è data dal valore da attribuire al "bene vita". Per alcuni membri indisponibile, inviolabile, di modo che si ritiene problematico, sia eticamente che giuridicamente, che il medico faccia propria la richiesta del paziente tesa a rifiutare un trattamento sanitario salva vita.

Per altri membri la vita è stata ritenuta un bene senza dubbio primario e meritevole della massima tutela, ma non per questo assoggettato ad un regime di assoluta indisponibilità, dovendosi tenere in considerazione il valore che il singolo vi attribuisce, alla luce dei principi e delle scelte morali che riflettono il senso che ognuno conferisce alla propria esistenza. Pertanto, una parte del CNB ha marcato forte il principio del consenso/dissenso informato del paziente e della sua prevalenza nell'ambito del rapporto con il medico o con l'equipe medica.

Malgrado queste divergenze il CNB ha condiviso alcuni aspetti che sono fortemente qualificanti nell'ambito della c.d. alleanza terapeutica tra il paziente-medico. Soprattutto è stata sottolineata fra i doveri etici, professionali e giuridici del medico la necessità che la formale acquisizione del consenso non si risolva in uno sbrigativo adempimento burocratico, ma sia preceduta da una adeguata fase di comunicazione fra paziente/ medico. E nell'ambito di questo rapporto le c.d. "Dichiarazioni anticipate di trattamento" (DAT) furono considerate dal Comitato come uno strumento necessario per ciò che può essere rifiutato, ora per allora, da parte del paziente non più in grado di intendere e di volere.

Da questi documenti emerge anche la condanna di ogni prassi di abbandono terapeutico e della necessità che i sanitari, nel tener conto della volontà del paziente e della sua concezione della vita e della salute, valutino l'impegno antalgico alla luce dell'idea di "qualità della vita" che ogni persona ha il diritto di formulare per sé, anche se tali trattamenti possano comportare una diminuzione della resistenza vitale. E la terapia del dolore e le cure palliative sono stati fatti rientrare, ancora prima della L. n. 38/2010, fra quei *diritti esigibili*, che il cittadino può chiedere che vengano rispettati e soddisfatti dagli organismi competenti.

Ancora la necessità di evitare in concreto l'effettiva sussistenza di un accanimento clinico: questo definibile non solo in base ad elementi strettamente scientifici, ma anche psicologici, valutando la maggiore o minore gravosità della cura, così come vissuta e patita dal paziente.

Infine, la continua raccomandazione in ordine all'educazione e alla preparazione tecnico-scientifica del personale sanitario per un adeguato sostegno dell'*ars moriendi*.

Per concludere, debbo sottolineare come allo stato attuale, diversamente da molti Paesi europei e fuori del Continente, in Italia le c.d. "scelte di fine vita" non sono normate. Un'assenza del legislatore, probabilmente dovuta, ma non giustificata dal conflitto politico e ideologico sorto in occasione della vicenda Englaro che ha coinvolto i poteri dello stato e la stessa lettura della Carta costituzionale.

Ne è conseguito, a fronte degli inevitabili conflitti sorti, un necessario intervento della giurisprudenza che ha svolto un ruolo suppletivo. Un intervento, tuttavia, fortemente marcato dalle diverse ideologie dei giudici e che non ha portato a interpretazioni conformi dei principi costituzionali e delle norme vigenti sia in sede civile che penale. Basti pensare alle diverse soluzioni che hanno caratterizzato i processi di Welby, del dott. Riccio, della Englaro e dei testimoni di Geova.

L'intervento del legislatore su questi temi bioetici, peraltro raccomandato dall'allora Presidente della Repubblica, On. Napolitano, proprio in un incontro con il CNB, pare oggi ineludibile nell'interesse non solo di colore che si avviano a un percorso di fine vita, ma anche degli operatori sanitari che hanno necessità di ottenere certezza giuridica per il proprio comportamento.

E il mio auspicio personale è che il legislatore sia in grado di formare un complesso di regole che svolgano la funzione di "strumento della convivenza", in grado cioè di bilanciare in uno Stato laico valori e diritti contrapposti, tenendo conto della coerenza interna del nostro ordinamento, dei principi di rango costituzionale, di quelli affermati dalla CEDU, sempre più rivolta a chiedere il rispetto dell'art. 8 della Convenzione europea, e infine, ma non ultimo, del sentire sociale del nostro Paese.

Si potrebbe sperare questo, visto il grande ritardo con cui si opera, ma, come in molti altri casi dove è coinvolta la bioetica, non è detto che questa speranza si realizzi.

Le riposte dei medici. Tavola rotonda sulla responsabilità dei medici alla fine della vita

* * *

La tavola rotonda moderata da Arnaldo D'Amico, caposervizio de "la Repubblica-Salute", ha visto la partecipazione di Massimo Gandolfini, Dario Manfellotto e Mario Riccio. Per la complessità degli interventi li abbiamo voluti riportare di seguito integralmente. Il lettore troverà quindi un doppio intervento per ogni relatore.

Il problema della definizione della prognosi
di MASSIMO GANDOLFINI

MASSIMO GANDOLFINI, Primario di Neurochirurgia, Brescia
[Il testo non è rivisto dall'autore]

Sono contento che mi abbiate invitato, sono soddisfatto perché credo che il dibattito culturale, anche se da posizioni diverse, sia soltanto un arricchimento. Mi vengono in mente le parole di De Gasperi all'indomani della fine della guerra, quando incontrando la Società delle Nazioni disse: "Al di là della vostra cortesia personale, qui tutto mi è contro", perché probabilmente è così. Penso di essere certamente una voce un po' fuori dal coro e quindi a maggior ragione sento di dover ringraziare il dottor Riccio che invitandomi ha voluto, credo, dare una dimostrazione di virtuosa democrazia in un tempo nel quale sembra così difficile poter esprimere opinioni diverse.

Entro nel tema, enorme e delicatissimo, dell'accertamento della morte. Una volta l'accertamento era quello dello specchietto messo davanti alla bocca o al naso del paziente per vedere se respirava ancora o meno. Questo fino a quando, nel '68, si è fatto il protocollo di Harvard per definire la cosiddetta "morte cerebrale", che ancora oggi viene ritenuto valido per il sistema di espianto e trapianto d'organi. Sull'accertamento della morte si va sempre di più delineando e proponendo la possibilità di trovare un criterio di tipo cardiopolmonare, che tuteli però la non corruttibilità degli organi, perché altrimenti si metterebbe in gravissima difficoltà una pratica medica di grandissimo valore.

Il problema più grande forse è il problema della definizione della prognosi. Parlando da neurologo e da neurochirurgo, forse l'ambito delle malattie neurologiche, in particolare delle malattie neurodegenerative, è l'ambito più complesso, più difficile da affrontare dal punto di vista prognostico.

Gli stati vegetativi di cui tanto e poco contemporaneamente ci si occupa, perché purtroppo la legislazione non è adeguata per aiutare le famiglie di queste persone gravissimamente disabili, ci sta dando dei numeri che per noi medici sono impressionanti. Oggi ci troviamo una percentuale di *misdiagnosis* di fronte agli stati vegetativi, quindi di errata diagnosi, dell'ordine del 21% in tutto il mondo. Molte volte vengono definiti "stati vegetativi" condizioni che in realtà sono di "minima coscienza". A volte non si tentano trattamenti di tipo riabilitativo, per quanto di riabilitazione o di educazione funzionale si possa parlare, perché stati di minima coscienza vengono scambiati per stati vegetativi persistenti. La parola "persistente", almeno nell'ambito tecnico-scientifico, è una parola che dovrebbe essere sottolineata quattro volte con la riga blu da parte del professore di medicina. La persistenza dello stato vegetativo oggi è stata dimostrata inesistente.

Fa molta specie, diceva il professor D'Avack, che molte volte la giurisprudenza deve occupare il posto dell'assenza legislativa, ma mi permetto di dire che molte volte occupa anche il campo di qualcosa di più specifico, che non è l'assenza legislativa. Quando in alcune sentenze si dichiara che "lo stato vegetativo è irreversibile", si dice una stupidaggine medica. Ciò in quanto i casi documentati di ripresa sono tantissimi imponendo un atteggiamento di particolare attenzione, di particolare prudenza sulle condizioni limite. Proprio perché sono condizioni limite, queste devono essere valutate caso per caso: è impossibile scrivere una legge, una norma, una regola universalistica di fronte a condizioni di questo genere. Alla luce di ciò, si impone ancora di più quel virtuoso rapporto medico-paziente che non può essere un rapporto di tipo contrattualistico, non può essere un rapporto normato, ma deve essere un rapporto valutato momento per momento, giorno per giorno sul campo.

Vi riporto un caso molto interessante pubblicato dal "Corriere della Sera" il 13 marzo. Un famoso industriale della moda, per un problema di tipo ictale, finisce in coma. Rimane in coma per parecchio tempo finché, quasi incredibilmente e stando a quello che è scritto sul giornale, si riprende e addirittura va avanti con la sua vita con grandissimo successo. Perché porto questo esempio? Per sottolineare e suffragare ulteriormente il concetto che dicevo in precedenza: massima prudenza, massima sensibilità di fronte a casi così complessi.

Catechismo come guida per una legge
di DARIO MANFELLOTTO

DARIO MANFELLOTTO, Direttore Unità Operativa Complessa di Medicina interna, Roma

Vorrei rispondere alla domanda che emerge da questo dibattito: quali sono le responsabilità e le risposte dei medici nei confronti del fine vita?

Esiste un'ampia discussione terminologica sull'eutanasia e il fine vita che certe volte rischia di portare fuori strada. Diventa infatti solo un esercizio semantico dire che l'eutanasia è la buona morte, il morire bene, parlare di eutanasia attiva e di eutanasia passiva. Questo esercizio però burocratizza il discorso o ci allontana dalla sostanza della questione. Ci ritornerò fra un attimo.

Sono direttore di Medicina Interna, lavoro in un ospedale cattolico e ovviamente già da questo si può immaginare quale possa essere il mio punto di vista. Da parte mia, però vi è un punto di vista che non è né clericale né cattolicista, né confessionale né bigotto. È un punto di vista articolato.

Quali sono i riferimenti normativi? Come medici abbiamo la legge, ovviamente, che regola i nostri comportamenti. In primo luogo la Costituzione, con l'articolo 32 – bellissimo, fondamentale – che ricorda il rispetto della persona umana.

Esiste il codice deontologico dei medici, aggiornato nel 2014, del quale cito due articoli per noi vincolanti. L'articolo 16 riguarda le procedure diagnostiche e gli interventi terapeutici non proporzionati, e si conclude dicendo: "Il medico che si astiene da trattamenti non proporzionati non pone in essere in alcun caso un comportamento finalizzato a provocare la morte", sottolineando la necessità che non si ponga in essere il cosiddetto "accanimento terapeutico".

L'articolo 17 del codice deontologico allo stesso modo recita che "il medico, anche su richiesta del paziente, non deve effettuare né favorire atti finalizzati a provocarne la morte".

Questo è il codice deontologico dei medici al quale noi siamo tenuti ad attenerci.

Per i Cattolici vi è il Catechismo della Chiesa cattolica, citato anche nel messaggio di Luigi Brunori. Il Catechismo dice che "l'interruzione di procedure mediche onerose, pericolose, straordinarie o sproporzionate rispetto ai risultati attesi, può essere legittima. In tal caso si ha la rinuncia all'accanimento terapeutico, non si vuole così procurare la morte. Si accetta quindi di non poterla impedire, le decisioni devono essere prese dal paziente, se ne ha la competenza e la capacità, o da coloro che ne hanno legalmente il diritto, rispettando sempre la ragionevole volontà e gli interessi legittimi del paziente". Se dovessimo fare una legge, credo che questo sarebbe un articolo nel quale quasi tutti ci potremmo riconoscere.

Ancora, "l'uso di analgesici è conforme alla dignità umana anche con il rischio di abbreviare i giorni di malattia se la morte non è voluta né come fine né come mezzo, ma è soltanto prevista e tollerata come inevitabile".

Anche oggi è stato ricordato Papa Wojtyla, il quale si è richiamato al Catechismo della Chiesa cattolica, quando ha deciso che non ci fosse un'insistenza nelle cure, rifiutando di essere intubato.

C'è un altro aspetto molto importante: i cinque anni della legge 38 sulle cure palliative, sulla terapia del dolore. Una legge molto importante che per i pazienti e per noi medici ha cambiato tanto. Dal nostro punto di vista lavorativo ha facilitato l'erogazione dei farmaci antidolorifici, possibilità che fino a cinque anni fa non c'era. Sono stati istituiti gli *hospice*, strutture che permettono l'assistenza al paziente a casa o in regime residenziale nelle strutture dove il paziente terminale può essere ricoverato per essere accompagnato alla morte.

Attenzione, non parliamo solo del malato oncologico, ma anche del malato con una grave insufficienza respiratoria o renale, un malato cirrotico, un malato cardiaco, un malato cachettico. Cioè parliamo di tutto un panorama di condizioni cliniche che possono portare i malati a uno stato di irreversibilità per il quale ora possono essere assistiti.

Il problema è, a mio avviso, la contestualizzazione delle situazioni. Noi parliamo di eutanasia, ma andiamo a vedere quello che accade, quello che ci chiedono i pazienti e quello che vediamo quotidianamente. Lo diceva bene Gandolfini per quanto riguarda la neurologia, quando parlava della "zona grigia" del malato neurologico, zona in cui c'è uno stato vegetativo persistente. In merito ad uno stato vegetativo bisogna chidersi: da quanto tempo?

Eluana aveva uno stato vegetativo persistente di sedici anni e non era intubata, non era assistita da una macchina. Eluana aveva una PEG, un sondino nello stomaco con il quale veniva nutrita e idratata, faceva dei massaggi, la fisioterapia, ma è stata sedici anni così. L'intervento su Eluana è stato semplicemente un intervento di astensione dalle cure, quindi di evitare l'accanimento terapeutico. In questo caso non c'è stata eutanasia, c'è stato un intervento con il quale si è deciso di non continuare, di non accanirsi. A mio avviso siamo molto in linea con quello che dice il Catechismo della Chiesa cattolica, cioè non ci si è accaniti oltre su una ragazza che da sedici anni era costretta a letto e non attaccata a nessuna macchina. Lo stato vegetativo non prevede l'intubazione, non prevede la ventilazione assistita, è una situazione completamente a sé stante.

Tempo fa una mia amica doveva essere sottoposta ad un intervento diagnostico importante per un sospetto di malattia tumorale. Mi dice: "Dario, mi raccomando lo dico a te. Se dovesse succedere qualcosa non mi intubate, lasciatemi morire, non vi accanite. Se c'è un cancro che non prevede nessuna possibilità non insistete, lasciatemi morire. Non voglio niente, poi comunque pensaci e se c'è una situazione nella quale vedi margini, decidi tu". Come può esistere una dichiarazione così assoluta di trattamento che dica "Io voglio assolutamente morire, fammi morire, non intubarmi, non attaccarmi al respiratore, e comunque decidi tu"? È il medico o il fiduciario che deve decidere al momento quello che deve essere fatto, quello che si può fare. Se il paziente deve essere intubato – perché come medico verifico che può sopravvivere a quella situazione -, credo di doverlo fare, perché gli sto dando una possibilità di vivere. Se c'è un arresto cardiaco in corso di procedura e lo devo intubare per rianimarlo e so che poi potrà recuperare, ma perché non devo farlo? Perché lui ha detto prima "lasciatemi morire"? Eppure potrebbe ritornare a una situazione di vita normale. Chi decide in quel momento? Credo che debba decidere il medico ed il paziente ha bisogno di contare su una persona di fiducia.

Non possiamo dire che la Dichiarazione Anticipata di Trattamento sia assolutamente tassativa e vincolante. È un indirizzo del quale devo assolutamente tenere conto insieme ai familiari, ma ci sono delle condizioni in cui la decisione è urgente e in cui solo io medico devo decidere. Non c'è nessuno, è una situazione di secondi, di attimi in cui si deve prendere una decisione e bisogna fare quello che ritengo opportuno, ricordando quello che ha scritto e detto il paziente. Attenzione: magari può darsi che io neanche conosca il paziente, che lo veda in pronto soccorso, per le prima volta e mi trovi ad avallare una dichiarazione anticipata che non condivido o che meriterebbe clinicamente di essere modificata. Ecco, va tutto contestualizzato.

Contraddizioni del Codice deontologico
di MARIO RICCIO

MARIO RICCIO, Medico anestesista, Cremona. Aiutò Piergiorgio Welby a seguito della sua pubblica richiesta di interruzione delle terapie

Quando mi è stato chiesto chi poteva essere un collega che si poneva in posizione decisamente contraria al mio punto di vista, ho pensato subito a Massimo Gandolfini. Non so tra l'altro se Gandolfini sia in territorio nemico in questa discussione tra medici, forse è anzi in maggioranza

Il mio intervento dovrà necessariamente essere stravolto perché non voglio sottrarmi alla domanda sul come si può definire la morte. Questo chiaramente comprimerà il mio intervento originale, che voleva vertere sul Codice deontologico sul quale ho dei punti di vista diametralmente opposti al collega Manfellotto.

Cos'è la morte? Non lo sappiamo. Oggi anche il concetto di morte cerebrale è contestato. È stato contestato addirittura da un importante editorialista dell'Osservatore Romano, anni fa, dicendo che non bisognava fermarsi di fronte al concetto di morte cerebrale perché – dopo di questa-esisteva ancora la persona, cioè lo spirito. Tutti concetti che hanno poco a che fare con la medicina dato che non abbiamo mai trovato lo spirito nel cervello delle persone.

Cos'è la morte non lo sappiamo. La morte cerebrale – dicevo – è contestata, ormai si parla di morte corticale. Io, sposando la tesi del mio maestro di bioetica, il professor Mori, ritengo che la morte si abbia quando la persona perde le funzioni corticali superiori. Ciò porrebbe notevoli problemi, perché la persona in morte corticale ovviamente respira, ha attività cardiaca anche per tempi prolungati, creerebbe un nuovo principio di tipo sociale, solidaristico e culturale.

Non sappiamo neanche quando inizia la vita, perché anche questo è contestato. Quando fu introdotto il concetto di morte cerebrale, fu molto contestato perché si disse essere un concetto utilitaristico, utile soltanto per prelevare gli organi ai pazienti.

Venendo al Codice deontologico io leggo, nel codice deontologico medico, cose diametralmente opposte a quanto diceva il dottor Manfellotto. Il Codice deontologico, così com'è, è come un responso della Sibilla Cumana dove ognuno legge quello che vuole. Per esempio, all'articolo 3, si dice che dovere del medico è la tutela della vita. È un concetto molto ambiguo e molto pericoloso, perché se il medico deve tutelare la vita come bene assoluto – e non sappiamo che tipo di vita s'intende: biologica, anagrafica, biografica – a questo punto ogni sospensione di terapia che comporta la morte del paziente è una "non tutela della vita". Abbiamo un Codice che ci obbliga a tutelare la vita, ma qualcuno mi deve spiegare cosa s'intende innanzitutto con vita.

L'altro aspetto che mi preme sottolineare è l'informazione al paziente. Per esempio l'articolo 33 parla di necessità di informare il paziente, però in particolare nelle diagnosi e nelle prognosi gravi e infauste, senza mai escludere elementi di speranza. Questo è un escamotage per permettere al medico di non dire la verità al paziente, perché ditemi voi quale potrebbe essere la possibilità di comunicare tali elementi di speranza a Britney, la ragazza americana che aveva un glioma e divenuta nota alla e cronache per la sua richiesta di suicidio assistito, rimanendole solo sei/otto mesi di prognosi e pertanto di vita. Ecco, cosa sono questi elementi di speranza? Se s'intende la speranza di essere assistito attraverso una terapia antidolorifica, non c'è dubbio che il medico lo debba fare, ma rispetto alla cruda realtà della prognosi non si comprende questo articolo del codice. A meno che questo non sia appunto un modo per sottrarsi al dovere giuridico di informare il paziente.

L'articolo 16 che citava Manfellotto, sinceramente io non l'ho mai ben capito, mi deve essere spiegato. La proporzionalità delle cure è un concetto che sta sulla clinica e con questo articolo sembra quasi si voglia parlare della futilità in medicina. Lo dico io che contesto persino l'esistenza del termine "accanimento terapeutico", perché non so cosa sia, ognuno pone l'asticella del limite nelle cure dove vuole. L'accanimento, a differenza della futilità, non è un concetto misurabile. È sottinteso in medicina che la futilità non deve essere praticata, ma non si capisce perché nel Codice s'invita il medico a sospendere un trattamento futile: perché è stato iniziato? Un paziente con un tumore polmonare avanzato, in terapia intensiva non va ventilato: è un trattamento futile, inutile. Se ci è finito in un reparto di terapia intensiva è un errore. È sottinteso che tale trattamento deve essere interrotto.

Qui siamo in una tavola rotonda di medici. Rispondiamo alla legge, sicuramente, ma abbiamo detto tutti e tre che rispondiamo anche al Codice deontologico, su questo non vi è dubbio.

Veniamo alla parte più dolente, al discorso delle direttive anticipate. Cominciamo a dire una cosa molto pesante, molto grave: il Codice deontologico le direttive anticipate, le chiamava così fino al 2006. Il 2006 è stato un anno di svolta, perché ci sono stati i casi Welby, è iniziato – almeno mediaticamente – il caso Englaro. Le volontà del paziente erano trattate "direttive" fin al 2006, mentre ora sono "derubricate" in "dichiarazioni". Non è una differenza esclusivamente semantica. La dichiarazione è una affermazione che non ha alcun valore per il medico. La direttiva è un'altra cosa, ha un altro valore. Se di fronte a me ho un paziente che deve semplicemente esprimere delle dichiarazioni, il mio impegno ad attuarle è pari a zero. Infatti l'articolo del codice me lo indica in maniera molto chiara: il medico ascolta le dichiarazioni, poi fa quello che vuole. Oltretutto il medico deve verificare che queste dichiarazioni siano state sufficientemente supportate da un'informazione medica corretta. L'articolo continua dicendo che il medico, in caso non trovi congrue e logiche le affermazioni del paziente, attua ogni forma di trattamento che ritenga opportuno. Nel caso di contrasto con le dichiarazioni, o con le volontà riportate dal decisore sostitutivo, il medico si deve rivolgere all'Autorità Giudiziaria. Sostanzialmente il medico chiama il magistrato. Non vuole essere trasfuso il nostro paziente? Chiamo il magistrato. Le dichiarazioni anticipate, risultano a questo punto un esercizio quasi inutile del paziente. Inoltre non sono accettate se non in forma scritta. Ecco dunque il contrasto con la sentenza Englaro della Cassazione che ha riconosciuto la volontà di Eluana ricostruendola attraverso prove e testimonianze.

L'articolo 39 è quello che mi spaventa di più. Leggo un passaggio: "Nel caso di paziente con definitiva compromissione dello stato di coscienza, trattamenti di sostegno delle funzioni vitali devono essere mantenuti finché ritenuti proporzionati, tenendo conto delle dichiarazioni anticipate". Ma chi stabilisce la proporzione dei trattamenti? In questo caso faccio un chiaro riferimento al fatto che il medico del caso Englaro, se riteneva proporzionata la nutrizione artificiale, avrebbe dovuto deontologicamente mantenerla, anche contro la sentenza della Cassazione.

Principio di precauzione
di MASSIMO GANDOLFINI

MASSIMO GANDOLFINI, Primario di Neurochirurgia, Brescia
[Il testo non è rivisto dall'autore]

Voglio partire dal tema del rapporto medico-paziente che è spaventosamente asimmetrico da ogni punto di vista. Il medico è una persona detentrice di conoscenze che il paziente non ha, è detentore di uno stato di salute personale che il paziente non ha. Già la presenza della malattia rende il paziente, anche sul piano umano, debole. Per questa ragione dobbiamo fondare delle buone regole che mantengano vivo il rapporto, la relazione, l'alleanza. A me piace più il termine "relazione di cura" piuttosto che "alleanza terapeutica", un rapporto di cura virtuoso fra il medico e il paziente.

Ho avuto modo di partecipare a un dibattito pesantissimo a Torino quando si è dovuto scrivere in maniera definitiva il codice deontologico. Trovai la prima bozza mandata ai vari Ordini una deriva terribilmente contrattualistica. Questo è inaccettabile dal punto di vista medico e per questo mi sono battuto per cambiare le "direttive" in "dichiarazioni" anticipate di trattamento. Le dichiarazioni hanno una grossa virtù: se io sono una persona virtuosa e qualcuno mi fa una dichiarazione, non la prendo e la butto nel cestino, mi serve per ricostruire la biografia di quella persona e quindi per legittimare al massimo le richieste della persona stessa. Vi faccio un esempio per chiarire il mio concetto. All'inizio degli anni '90 negli Stati Uniti venne fuori la scellerata legge della cosiddetta "Don't resuscitation orders". Si andava cioè in giro con una tesserina nella quale c'era scritto: "Nel caso io vada in arresto cardiaco non resuscitatemi, non fatemi rianimazione". Ci vollero tre-quattro mesi per capire che una larga fetta della popolazione giovane americana crepava perché al pronto soccorso dove arrivava il grave traumatizzato cranico con in tasca il "Don't resuscitation orders" nessuno lo toccava. Abbiamo toccato il fondo della follia, una vincolatività di questo genere è una vincolatività disumana.

Ho qui un articolo pubblicato su "Neurology", la più grande rivista internazionale di neurologia. Sfata il luogo comune secondo il quale le persone in stato vegetativo soffrano spaventosamente e quindi una morte dignitosa e pietosa potrebbe essere la morte inflitta. Questo testo dimostra che le persone che si trovano in stato vegetativo per una condizione per la quale la deafferentazione rispetto alla famosa morte corticale, determina un'attivazione di aree profonde. Per cui il soggetto non sta per nulla male, ma vive una condizione di pienezza, non si trova in una condizione di dolore. Il dolore gli viene eventualmente applicato dall'esterno: questa è un'altra grande scoperta che le biotecnologie hanno fatto da poco. Una volta a un paziente in stavo vegetativo gli si toglieva un dente senza fargli neanche l'anestesia perché si pensava non provasse dolore. Oggi il riscontro scientifico ci dice che sente dolore e quindi come persona che sente dolore deve essere trattato.

All'articolo 9 del Trattato di Oviedo si dice che il medico deve "tenere conto dei desiderata che sono stati espressi dal paziente". Ciò è di grandissima importanza. Entriamo qui nell'ambito giuridico e quindi chiedo scusa. Però rimango scioccato all'idea che si possa ammettere una ricostruzione delle volontà del paziente non chiaramente determinata da qualcosa di scritto, mentre quale giudice, quale notaio ammetterebbe la ricostruzione di volontà di fronte a un testamento di ordine patrimoniale? Là dove sono in gioco quattro soldi, un appartamento e un terreno, di ricostruzione delle volontà non se ne parla neanche. Qui invece, dove si mette in gioco niente meno che una vita umana, si possono ricostruire le volontà in base a dichiarazioni, in base a testimonianze. Il concetto che voglio far passare è esattamente questo: rispetto assoluto della persona.

Quando abbiamo scritto il codice di deontologia medica sono partito da una considerazione per me molto importante. Un codice di deontologia non ha ovviamente la valenza di una legge fatta dal Parlamento. In quest'ultimo caso si tratta di una legge obbligante, un codice di deontologia è obbligante sul campo dei doveri, quindi è anche una dichiarazione di alto livello di contenuto di che cos'è l'arte medica. Se l'arte medica scade al fatto che io sono un datore d'opera per cui qualsiasi tipo di richiesta mi venga fatta io devo semplicemente fare quello che mi viene detto, sinceramente è uno scadimento del rapporto medico-paziente e si aprono delle derive impressionanti.

Chiudo sul contrattualismo. Mi è piaciuto quello che diceva il Sottosegretario, che ha poi ripreso anche D'Avack. Proprio per cercare di non contrapporre le ideologie facciamo riferimento a quanto in altre nazioni è successo. La legge non può affrontare caso per caso perché è universalistica, allora il principio di precauzione che chiede la legge è: "stai un passo indietro". Il principio di precauzione viene applicato a livello internazionale negli OGM. Quando è in gioco la vita umana cerchiamo di stare un passo indietro. Per questo mi sono battuto a Torino per riscrivere il codice deontologico che non ha accolto tutte le istanze che io e altri amici portavamo avanti.

Dato che l'obiettivo che dovremmo virtuosamente porci tutti quanti, ognuno per l'ambito che occupa nella società, è quello di cercare il bene massimo possibile di tutte le persone, credo che la prudenza verso le DAT ci voglia: le DAT devono essere svestite di vincolatività. Il che non vuol dire renderle inutili.

La legge non può sostituire il medico
di DARIO MANFELLOTTO

DARIO MANFELLOTTO, Direttore Unità Operativa Complessa di Medicina interna, Roma

Rispondo per punti ad alcune questioni che sono emerse.

L'attività medica deve cercare di fare il bene nel modo migliore possibile. Il concetto di accanimento terapeutico è un termine che anch'io non uso mai. È entrato un po' nel gergo, come se uno facesse delle cose per forza. È chiaro che non ci accaniamo, non vogliamo accanirci, siamo noi i primi che non mettiamo in piedi trattamenti futili, oppure se vediamo che un trattamento a un certo punto è diventato inutile, siamo i primi a sospenderlo e a non insistere in questo tipo di terapia.

Le "dichiarazioni", o altro termine che vogliamo usare, devono essere scritte e devono essere raccolte con una certa precisione, nonché certificate. Credo che questo sia assolutamente indispensabile. Il fatto che ci sia una dichiarazione inoppugnabile e che io questa dichiarazione la valuti dal punto di vista medico e mi ci attenga o meno, è una decisione che spetta al medico perché la dichiarazione anticipata può essere vincolante fino a un certo punto. Ma deve essere una dichiarazione scritta. In questo ho paura che si possa aprire una deriva e vi prego di seguirmi, senza considerare la mia una visione confessionale di tutela della vita in modo assoluto. Si potrebbe verificare il fatto che qualcuno a cui è stata affidata la tutela di un paziente difettuale, oligofrenico, *minus habens*, abbandonato in una clinica, non in grado di esprimere la sua volontà, dica che il paziente non voleva vivere così, e si decide che questa vita deve finire. Questo potrebbe accadere per altre cento persone che stanno in quella situazione e che costano allo Stato, perché si paga molto per assistere queste persone. Si potrebbe arrivare alla decisione che a un certo punto una vita debba essere interrotta per motivi economici, perché costa troppo alla famiglia o ad un'assicurazione. Questa è una riflessione forte, discutibile, ma è una riflessione che dobbiamo tenere da conto.

Ho molta paura che si finisca per fare troppo o soltanto riferimento al magistrato, alla legge, alle norme per regolare tutti gli atti medici. Non viviamo più se tutto quello che facciamo deve essere deciso dal magistrato, deve essere deciso dalla legge, deve essere normato, anche perché non è possibile normare tutto.

Potrei raccontare milioni di episodi che non potrebbero trovare spazio in nessuna legge, in nessuna norma e in nessun codice, che appartengono all'esperienza, alla volontà, alla morale, alla saggezza e alla conoscenza del medico, al rapporto che ha instaurato con i familiari. Il rapporto col paziente e i familiari, un tempo si diceva "autoritario", poi è diventato "paternalistico", adesso è "contrattualistico". È in fondo un po' più paritario di quanto non fosse prima quando il medico decideva e basta. Adesso si contratta molto.

Visito molti pazienti di altre Nazioni e spesso mi trovo a discutere: "Facciamo questo?". La risposta è: "You are the doctor". Mi dicono: "Tu sei il medico, decidi tu che cosa devo fare. Secondo te che cosa è giusto? Tu prendi una posizione".

Proporzionalmente, la maggioranza delle persone che avevano fatto una dichiarazione anticipata di trattamento erano i pazienti malati di AIDS prima che fosse scoperta la terapia antiretrovirale, prima che l'AIDS fosse ormai una malattia dimenticata, perché oggi i pazienti vivono a lungo e invecchiano con la terapia antiretrovirale. Muoiono anzi per infarto, complicanze cardiovascolari e non per le complicanze dell'infezione da HIV.

Mi sono laureato a 23 anni, ne ho 60, sono 37 anni che faccio il medico. Ricordo che non ho mai avuto nessuno che mi abbia detto: "Mi faccia morire". Mi hanno detto: "Non mi faccia soffrire". E io non li faccio soffrire. La legge e la conoscenza mi consentono di non farli soffrire. Mi troverei in grande difficoltà se una persona mi dicesse: "Mi faccia morire oggi". Non saprei dargli una risposta. Sicuramente non lo aiuterei a morire, non fa parte della mia cultura, non so farlo. Ho paura che la legge possa dirmi in futuro: tu devi far morire la persona che te lo chiede perché la legge lo impone.

Il paziente decide cosa è per lui "star bene"
di MARIO RICCIO

MARIO RICCIO, Medico anestesista, Cremona. Aiutò Piergiorgio Welby a seguito della sua pubblica richiesta di interruzione delle terapie

C'è una linea di pensiero che denuncia un pericolo nel voler riportare la legge sul fine vita a principi economicistici. Io contrappongo una linea contraria. Chi mi dice che non esista una linea economicistica per mantenere necessariamente in vita tante persone che non lo vorrebbero? Vengo dalla Regione Lombardia, una Regione che si ricorda spesso per un'ottima sanità, anche se ultimamente un po' scaduta. Ricordo il caso della Clinica Santa Rita, del medico che operava contro la volontà del paziente in assenza di una malattia, al solo fine di un guadagno economico. Ospedalizzava soggetti che non dovevano essere ospedalizzati, li operava solo per trarne un vantaggio economico per lui e la struttura sanitaria dove operava. Non possiamo dire che questo è l'esempio massimo della privatizzazione della sanità lombarda ? Anche se il Presidente della Regione Lombardia si è costituito contro questo medico. Penso che questo sia un esempio -sicuramente estremo – della perversione del sistema convenzionato in sanità. Sul principio economicistico perciò starei un po' attento ad azzardare giudizi.

Vogliamo guardare fuori dall'Italia? Sì, così ci sprovincializziamo un po'. La Francia ha approvato alla Camera ieri o l'altro ieri, presto passerà anche al Senato, una nuova legge sul fine vita. In quella legge non c'è niente di nuovo. Il diritto a essere sedati c'è anche in Italia negli *hospice*, quindi i francesi non ci insegnano niente. C'è però un principio fondamentale, questo sì, rispetto alla Legge Leonetti del 2005, cioè la vincolatività della volontà del paziente. È un compromesso politico, Hollande aveva promesso ben altro, aveva promesso l'eutanasia in campagna elettorale. È un compromesso al ribasso, però la vincolatività mi è piaciuta molto ed è, secondo me, un principio fondamentale.

Terry Schiavo, liberiamo la vicenda da tanti aspetti mediatici, viveva in uno stato americano, la Florida. In quello stato già esisteva una legge sulle direttive anticipate. Il giudice civile al quale si sono rivolti i familiari, perché in contrasto fra loro i genitori con il marito, se fosse vero il principio che solo le volontà scritte del paziente abbiano valore per il giudice, avrebbe potuto dire ai familiari: "Terry Schiavo non ha mai scritto un testamento di vita". Quel giudice civile americano ha sentenziato invece, dopo una serie di accorte verifiche: "No, Terry Schiavo non voleva essere alimentata". Per quanto il Presidente Bush avesse promulgato addirittura una legge – ricorderete che era addirittura tornato dalle vacanze anticipatamente per cercare di bloccare la sentenza di quel giudice – fu riconosciuto che la volontà di Terry Schiavo doveva essere rispettata anche in assenza di testo scritto.

Abbiamo parlato di salute, abbiamo parlato di bene del paziente, il problema qual è? L'unico che sa qual è il suo bene, la sua salute, il suo livello di accanimento, è il paziente.

Avrei preferito leggere nel Codice deontologico che "il medico difende il bene salute" invece che "il medico difende la vita". L'OMS scrive che la salute non è la pura assenza della malattia, ma è uno stato di completo benessere fisico-psichico e sociale. Il paziente decide cosa è per lui stare bene.

Interruzione delle terapie, testamento biologico ed eutanasia. Le responsabilità del Parlamento

Il quadro giuridico in Italia
di GIUSEPPE ROSSODIVITA

GIUSEPPE ROSSODIVITA, Avvocato, ha curato il "Vademecum fine vita. Il diritto di rifiutare le cure"

Penso che il dottor Mario Riccio, con Piergiorgio Welby, sia la persona che rispetto a tutta la problematica del fine vita, ha contribuito in modo determinante a far emergere nel Paese quelle consapevolezze che sono scritte nella nostra Carta Costituzionale a chiare lettere e per le quali io, lo dico prima di entrare nel merito, mi trovo a tutt'oggi a sorprendermi quando sento fare affermazioni come quelle che ho sentito fare ai dottori che hanno animato la precedente tavola rotonda.

Voglio ricordare un aneddoto sulla questione di Welby. Quando Piergiorgio chiedeva insistentemente quella che definiamo, non in termini giuridici, eutanasia attiva, attraverso un percorso che però fosse connotato dalla legalità ad ordinamento dato, il dr. Mario Riccio non solo ha provveduto materialmente al distacco del ventilatore, ma con grandissima attenzione, ha anche somministrato una sedazione che ha impedito a Piergiorgio di soffrire nel momento in cui ci ha lasciati.

Questa cosa che oggi appare così scontata, non lo è stata affatto.

Nel percorso che avevamo avviato per arrivare poi a una soluzione rispetto alla richiesta di Piergiorgio, facemmo anche un incontro nella sede del Partito Radicale con tanti medici e professori non solo di medicina, ma anche di diritto. La cosa più comune detta dai medici e dai professori era: "Noi sappiamo che attraverso questo tipo di percorso possiamo arrivare a ottenere quel che Piergiorgio chiede, tuttavia non lo faremo nei confronti di Piergiorgio perché abbiamo paura delle conseguenze di quest'atto in assenza di un quadro normativo preciso".

In realtà il quadro normativo era chiaro, così com'è disegnato dalla nostra Costituzione, ma bisognava saperlo leggere.

Il dottor Mario Riccio invece, informato da un punto di vista giuridico come pochissimi medici sono, non ha esitato a dare seguito alle richieste di Piergiorgio.

Prima che un medico è stato un cittadino e una persona che ha studiato anche la materia giuridica e questo gli ha consentito di andare a dipanare una serie di questioni che sono sicuramente complesse da un punto di vista etico e morale. Dal punto di vista giuridico, per quanto andrò a chiarire tra poco, sono cristalline le vicende che riguardano il fine vita di una persona che sia capace di intendere e di volere. Meno cristalline sono le vicende che riguardano le questioni del fine vita di persone che hanno perso la capacità di intendere e di volere. Non meno cristalline in termini di principi, ma in termini di percorso.

Illo tempore, come pure in qualche modo è stato evocato nel corso della tavola rotonda, c'erano una serie di perplessità derivanti da alcune norme presenti nel nostro ordinamento e che hanno lasciato pensare all'impossibilità per il medico anche semplicemente di accompagnare il paziente che glielo chiedesse verso il termine della sua vita con la sospensione delle cure e la somministrazione di sedativi finalizzati a evitare le sofferenze.

L'articolo 5 del Codice Civile, che vieta gli atti di disposizione del proprio corpo, per diverso tempo ha rappresentato un baluardo giuridico e culturale che si riteneva di non poter superare. Si diceva: se sono vietati gli atti di disposizione del proprio corpo, a maggior ragione è vietato qualsiasi atto di disposizione della propria vita. In più, si diceva ancora: a seguito del distacco del presidio artificiale che tiene in vita il paziente, si attiva un obbligo giuridico del medico di intervenire per evitare il decesso del paziente.

Si tratta di un obbligo giuridico però inesistente che si rinveniva leggendo al contrario, una norma, quella di cui all'art. 54 c.p., che introduce nell'ordinamento una scriminante – è scriminato chi commette reati essendovi costretto dalla necessità di salvare la vita – ma non un obbligo di intervento.

Gli anni 2006-2007 sono stati fondamentali per un chiarimento rispetto a tutta questa materia che ha sempre fatto l'economia di una norma fondamentale: la norma contenuta nell'articolo 32 della Costituzione.

Lo dico a me stesso e lo dico anche ai professori che hanno animato la precedente tavola rotonda: l'articolo 32 della Costituzione, come tutte le norme giuridiche, innanzitutto è una norma che ci siamo dati come collettività. Ci diamo delle norme giuridiche per regolamentare le nostre azioni ed evitare che ci siano situazioni di conflitto tra diritti contrapposti, doveri, facoltà, in modo che questo conflitto possa essere risolto. Le norme giuridiche servono esattamente a questo. Nell'ambito del nostro ordinamento la principale fonte del diritto è la Costituzione. E la Costituzione vieta di sottoporre a un trattamento sanitario un individuo, un soggetto che rifiuti il trattamento sanitario stesso.

Di fronte alla chiarezza di questo secondo comma dell'articolo 32 non vedo quali altre discussioni si debbano fare anche rispetto al tema dell'asimmetria del rapporto tra medico e paziente.

L'articolo 32 della Costituzione fu inserito dai nostri padri costituenti per evitare e scongiurare un pericolo che si era purtroppo concretizzato pochi anni prima, in relazione alle pratiche naziste di sperimentazione scientifica sui corpi degli individui. Questa norma indica l'assoluta parità giuridica tra la posizione del medico e la posizione del paziente.

Durante la tavola rotonda si è fatto un esempio: nel mondo delle professioni in generale non c'è mai simmetria tra la posizione del cliente e quella dello specialista. Il cliente non ha le conoscenze tecniche per disegnare una casa certo, ma il professionista attraverso la sua scienza, la sua coscienza e la sua diligenza, oltre che la sua deontologia, fornisce al cliente tutte le informazioni del caso nel modo più comprensibile e più semplice possibile. Dopodiché, se troviamo delle persone che ci dicono "You are the doctor", sono quelle persone che scelgono di delegare il dottore, ed il tema è se la delega sia stata conferita previa una adeguata informazione da parte del medico.

Il medico deve cercare di fornire al paziente quante più informazioni possibili per operare insieme con lui affinché prenda la decisione che ritiene rispettosa della volontà del paziente. Il paziente, a quel punto debitamente informato, può dire, perché sceglie di dire "You are the doctor", oppure può dire, "caro dottore, adesso basta, non voglio più essere sottoposto ad alcuni terapia".

Entrambe queste soluzioni sono lecite, ma entrambe debbono necessariamente essere la conseguenza di un'espressione di una volontà assolutamente informata.

Per quanto riguarda il quadro giuridico dobbiamo fare due grandi partizioni tra le persone che hanno, per quanto colpite da malattie che producono sofferenze enormi, la capacità di intendere e di volere, e le persone che invece si vengono a trovare in un determinato momento della vita prive, a causa della malattia, della capacità di intendere e di volere.

Per le prime, ed è il caso di Piergiorgio Welby, problemi a oggi possiamo dire che non ce ne sono o non ce ne sarebbero se ci fosse una maggiore attenzione da parte anche della categoria dei medici al portato della sentenza Welby e di tutto quello che ne è conseguito da un punto di vista giuridico.

Il paziente è innanzitutto una persona, un individuo, titolare di tutti i diritti che la Costituzione gli assegna. Questi diritti sono innanzitutto i diritti che derivano dall'articolo 2 della Costituzione, quindi quello di sviluppare la propria personalità così come la persona crede, il diritto fondamentale dell'articolo 13 della Costituzione, il diritto cioè all'autodeterminazione di qualsiasi individuo, che garantisce la libertà di scelta di un individuo nelle scelte che riguardano qualsiasi settore della propria vita – quindi c'è anche il diritto all'autodeterminazione rispetto alle scelte terapeutiche che il paziente deve subire – e l'articolo 32, secondo comma, della Costituzione che vieta i trattamenti sanitari obbligatori se non nei casi previsti dalla legge e sappiamo che i trattamenti sanitari obbligatori che prevede la legge non hanno nulla a che vedere con le tematiche che riguardano, grazie al cielo, il fine vita.

Sulla base di queste tre semplicissime norme si è portato avanti il caso di Piergiorgio Welby nel momento in cui ha chiesto all'Autorità Giudiziaria in sede civile non, attenzione, di "autorizzare" il medico a staccare il respiratore artificiale che lo teneva in vita, ma di "ordinare" al medico di staccare il respiratore artificiale.

E queste sono anche le tre norme in base alle quali è stata portata avanti la difesa successiva del dottor Mario Riccio nel momento in cui, per una decisione del Gip contraria a quella della Procura, è stato imputato coattivamente di omicidio del consenziente.

Voglio spiegare meglio questi due passaggi.

Piergiorgio si rivolse, con una richiesta di un provvedimento d'urgenza, al giudice civile dicendo: "Guarda caro giudice civile, io mi trovo in queste condizioni, non ce la faccio più, sono mantenuto in vita da una macchina, ora io questa macchina non la voglio più e vorrei anche che, nel momento in cui questa macchina verrà staccata, mi fosse somministrata una sedazione perché non ho voglia di morire soffrendo come avverrebbe senza sedazione. Ho trovato un medico, ho chiesto a questo medico e questo medico mi ha detto di no".

Questo medico aveva risposto di no dicendo: non posso staccare il respiratore fino al punto di farti arrivare alla morte perché, quel medico sosteneva, dovrei subito riattivare il respiratore per via dell'articolo 54 del Codice Penale, il quale mi dice che devo salvare chi si trova in pericolo di vita".

In realtà, per quanto abbiamo visto sopra, era una prospettazione totalmente sbagliata perché l'articolo 54 c.p. non pone un obbligo, è una scriminante, né poteva essere ipotizzabile un reato in termini di omissione di soccorso proprio perché quel medico andava, ove avesse dato esito positivo alle risposte di Piergiorgio, a compiere il proprio dovere. Ed il compimento di un dovere imposto da norme giuridiche è a sua volta una scriminante codificata dall'art. 51 c.p.

Quel giudice civile è stato autore di un provvedimento che ha lasciato tutti a bocca aperta, ci sono stati anche dei commenti molto critici sui giornali generalisti, ma vi posso assicurare che sulle riviste di settore specializzate, sulle riviste giuridiche, c'è stato un tirarsi i capelli perché quel giudice aveva riconosciuto ciò che non poteva non riconoscere e cioè il portato degli Articoli 2, 13 e 32 della Costituzione. Aveva riconosciuto che Piergiorgio era come tutti noi titolare di un diritto soggettivo perfetto a chiedere che le terapie che non voleva più terminassero.

Il giudice, però, poi disse: "Io riconosco questo diritto soggettivo e tuttavia non posso obbligare un medico a porre in essere queste manovre perché mancano delle norme giuridiche di riferimento".

È stato scritto, a ragione, che se uno studente di giurisprudenza avesse fatto una tale affermazione all'esame di Diritto Privato, che all'università si fa al primo anno, sarebbe stato irrimediabilmente bocciato.

Se un diritto soggettivo è riconosciuto in Costituzione non può non essere giustiziabile; il giudice una volta riconosciuta l'esistenza del diritto soggettivo deve trovare una soluzione per la tutela di quel diritto nel caso concreto!

Questo giudice aveva invece riconosciuto l'esistenza di un diritto soggettivo a rifiutare le cure, come detto con matrice negli artt. 2, 13 e 32 della Costituzione, ma poi ha mancato di tutelarlo nel caso concreto.

Questo sentenza, comprensibilissima da un punto di vista umano, perché mettiamoci nei panni di quel giudice che da solo nella sua stanza si è sentito tutto il peso di questa vicenda, è stata completamente sbagliata da un punto di vista giuridico.

Tant'è che la Procura di Roma che aveva espresso un parere assolutamente favorevole alle richieste di Piergiorgio, decise poi autonomamente di impugnare questo provvedimento del giudice civile, proprio per la somma contraddittorietà della decisione che, lo ha scritto la Procura nel suo reclamo al Collegio, rispetto a questo provvedimento si è trasformato in un *non liquet*, cioè sostanzialmente in un diniego di giustizia.

A questo punto, mentre la Procura impugnava, Piergiorgio non ha potuto, non ha voluto più attendere.

Trovò il dottor Mario Riccio che, con assoluto coraggio civico e diligenza dal punto di vista professionale, instaurò un rapporto con lui. Andò più volte da Welby per cercare di capire, lo dissuase fino all'ultimo momento e poi, con buona pace del giudice delle indagini preliminari che ha chiesto l'imputazione coatta del dottor Mario Riccio, ha compiuto esclusivamente il proprio dovere, come poi è stato riconosciuto da un altro giudice, quello dell'udienza preliminare che con una sentenza monumentale e storica ha prosciolto il dottor Riccio.

Perché lo ha prosciolto? Perché Piergiorgio è morto esclusivamente per effetto della sua malattia, non c'è stato alcun nesso causale tra l'azione di sedazione del dottor Riccio rispetto all'evento morte e il fatto che Piergiorgio a un certo punto abbia smesso di respirare.

È stato l'evento più naturale di questo mondo, perché la malattia impediva a Piergiorgio di proseguire nella respirazione e quindi era tenuto in vita esclusivamente dalle macchine.

Ma Piergiorgio quelle macchine non le voleva più, non voleva più essere sottoposto ad un trattamento sanitario.

Questo tipo di situazione, che ovviamente potrebbe essere replicabile in qualsiasi altra situazione che si dovesse presentare nei fatti, in realtà sconta ancora oggi il timore dei medici, salvo che non sia fatto in clandestinità.

Ritorno al primo convegno che citavo all'inizio, quello presso il Partito Radicale; tutti i medici intorno al tavolo dicevano: "Queste sono cose che si fanno tutti i giorni. Ma attenzione, siccome Piergiorgio Welby ha voluto scrivere al Presidente della Repubblica e ha voluto accendere i riflettori dei media sul suo caso, noi a questo punto non lo facciamo, per noi il rischio giudiziario sarebbe troppo".

Lascio a voi le considerazioni sul senso civico di queste scelte.

Diversa ancora è la vicenda cristallizzata tipicamente nella situazione di Eluana Englaro. Lì c'è un problema relativo alla manifestazione di volontà da parte di una persona che non può più manifestare scientemente la propria volontà.

Subito dopo la sentenza di Eluana Englaro, Marco Cappato mi disse: "Insistiamo, bisogna fare la legge sul testamento biologico". Io gli risposi: "Scusa un attimo, ma perché bisogna fare la legge sul testamento biologico? Abbiamo ormai la sentenza Welby, la sentenza Englaro, la giurisprudenza oramai è chiara, penso che il varco sia aperto ed il rischio, come poi purtroppo si è in qualche modo concretizzato, è che in Parlamento si facciano valere le spinte contrarie, si portino dei provvedimenti che sono contro il testamento biologico".

Giustamente Marco Cappato mi ha risposto, e sul punto mi sono taciuto perché è una verità molto banale a cui a volte bisogna anche pensarci: "Ma non tutti hanno la possibilità poi di fare cause o comunque di andarsi a difendere. Noi dobbiamo fare una legge che renda questo diritto, già in Costituzione e già cristallizzato nelle pronunce giurisprudenziali, facilmente disponibile a e per tutti".

È qui la differenza: una legge sul testamento biologico azzererebbe tutte le discussioni e renderebbe facilmente fruibile un diritto che esiste già, ma che oggi è difficilmente fruibile.

Come è stato per il caso di Eluana Englaro, in assenza di un testamento biologico si aprirebbero una serie di problematiche, anche processuali, volte a ricostruire la volontà del soggetto e questo è un limite molto grave all'esercizio semplice del diritto da parte di tutti i cittadini.

Ad oggi ci sono molti Comuni che hanno istituito il registro dei testamenti biologici; che altro non sono se non la cristallizzazione della chiara manifestazione di volontà richiesta dalla giurisprudenza a Eluana Englaro. Manifestazioni di volontà che sono depositate presso e custodite da un ente pubblico, sono lì e quindi ci si potrà facilmente rivolgere a quel testamento per la ricostruzione della volontà del paziente. Ovviamente ci sono una serie di problemi che nella pratica vengono in luce.

Per esempio: persone capaci di intendere e di volere, ma che hanno una difficoltà pratica nella manifestazione della loro volontà, perché hanno perso la possibilità di parlare o di scrivere o di comunicare se non con strumenti particolari, ecc. Ci sono una serie di aspetti sicuramente da discutere anche rispetto al testamento biologico relativi, per esempio, alla possibilità, assolutamente legittima, di andare a mutare le proprie dichiarazioni nel corso della vita perché il tema del cambio di prospettiva deve essere sempre riconosciuto fino all'ultimo secondo utile.

Questo perché quello che si vuole attraverso la regolamentazione di queste situazioni è semplicemente garantire, in ogni momento, la libertà di scelta da parte del malato. Libertà di scelta che significa libertà di far scegliere il medico, cioè di delegarlo – ma appunto la delega deve provenire dal paziente informato e consapevole – o libertà di scelta diretta del malato, nell'esplicazione della propria libera autodeterminazione, circa l'essere sottoposto o meno a delle terapie, anche se salvavita.

Fine vita: decidere di sé
di LUIGI MANCONI

LUIGI MANCONI, Presidente della Commissione straordinaria per la tutela e la promozione dei Diritti Umani al Senato della Repubblica
[Il testo non è rivisto dall'autore]

Dal periodo in cui si svolsero le tristi vicende della morte di Eluana Englaro, con l'intervento per via di decreto dell'allora governo Berlusconi, io penso che i mutamenti, quelli positivi, siano avvenuti all'interno del corpo sociale, negli orientamenti collettivi, nell'opinione pubblica, mentre per quanto riguarda la classe politica la situazione è drammaticamente immutata, addirittura inerziale.

La notizia della firma dell'appello "Fine vita: decidere di sé", già anticipata questa mattina da una delle protagoniste di questa iniziativa, riguarda una lettera promossa unitamente da me e da tre sottosegretari del Governo Renzi: Ivan Scalfarotto, la sottosegretaria Ilaria Borletti Buitoni e il sottosegretario Benedetto Della Vedova. In questo momento, il fatto quindi che tre sottosegretari del Governo Renzi, abbiano promosso unitamente a me questa lettera è indubbiamente significativo: testimonia un'autonomia intellettuale, un'indipendenza di giudizio da parte di questi esponenti del Governo estremamente significativa.

Il dato negativo, invece, è che questo testo ha raccolto un numero di consensi assai esiguo, ovvero è stato sottoscritto da appena il 4,5% dei parlamentari. Il che potrebbe attribuirsi a un'incapacità da parte dei promotori di fare proselitismo, ma molto probabilmente ha pesato certamente più un sospetto ideologico, una resistenza culturale, una, davvero inquietante, ostilità.

Va aggiunta un'altra considerazione da approfondire, e magari da verificare, e cioè se possa avere avuto una ruolo importante il fatto che a promuoverlo siano state persone tutte appartenenti alla maggioranza di Governo, ma queste al momento attuale, 43 tra deputati e senatori, fanno tutti, senza eccezione, riferimento all'area del centrosinistra.

Ciò rivela qualcosa di molto negativo e che costituisce un elemento dell'anomalia italiana sulla quale sarebbe, davvero utile, riflettere. Com'è mai possibile che su tali temi, la frattura, chiamiamola così, destra-sinistra, si riproduca inalterata, sovrapponendosi in maniera puntuale, precisa a un orientamento favorevole oppure ostile ad affrontare con ragione e intelligenza questi temi?

Negli altri paesi europei, in tutti gli altri paesi europei, è diverso, non è così. In tutti gli altri paesi europei la linea di frattura tra destra e sinistra, che ovviamente percorre nitidamente i campi sui temi politici, sociali, economici, sui temi in questione conosce, invece, notevoli, significative, ampie deroghe. All'interno della destra europea, posizioni su temi relativi al fine vita o problematiche affini che mostrano una capacità di riforma sono estremamente diffusi.

Questo è l'altro punto che mi piaceva evidenziare perché costituisce un elemento negativo ma certamente da approfondire.

Ma c'è un altro punto sul quale vorrei soffermarmi. Ho sentito la parte finale dell'intervento dell'avvocato Rossodivita e c'è stato un passaggio che mi sento di condividere incondizionatamente, che, tra l'altro, mi è capitato di ribadirlo più di una volta. Nell'attuale Parlamento, alla presenza degli attuali rapporti di forza politico-culturali, è del tutto evidente che un'iniziativa di legge, non dico sul tema dell'eutanasia considerata l'esiguità dei consensi che ha ottenuto un'iniziativa del genere, ma in materia di testamento biologico sarebbe destinata a una controreazione quanto mai perniciosa. Avremmo, cioè, la riproposizione nella sostanza di un testo Calabrò, quale quello che solo la crisi del Governo Berlusconi riuscì a bloccare affinché non diventasse norma di legge nella precedente legislatura. Anche in questa attuale, ritengo che un'iniziativa legislativa sul tema del testamento biologico avrebbe lo stesso esito.

Ciò misura con particolare evidenza, direi con crudele evidenza, l'ennesimo ritardo della politica. Come sapete, martedì scorso il Parlamento francese ha approvato a stragrande maggioranza, solo un decimo del Parlamento ha votato contro, una normativa che non è sull'eutanasia ma che prevede la sedazione profonda e costante nei confronti dei malati terminali. Una misura non solo intelligente e razionale, ma dotata di quel senso di umanità, di quel tratto compassionevole che sembra estraneo alla sensibilità del legislatore italiano.

Mi ha colpito molto non solo questo fatto e la larga approvazione che ha trovato nel Parlamento francese, ma un elemento di natura culturale: quella normativa prevede una misura che ricorda in maniera estremamente precisa e puntuale un documento pontificio. Questo documento pontificio non è il prodotto della pastorale di Papa Francesco, appartiene, invece, all'attività di Pio XII e risale al 1954. In un discorso indirizzato alla Società italiana di anestesiologia, Pio XII, già nel lontano 1954, pose la questione nella forma di un interrogativo, con un discorso, purtroppo, non destinato a essere poi conosciuto e a diventare di indirizzo pastorale.

Le parole di Pio XII furono le seguenti: "Quando siamo alla presenza di un malato terminale, soggetto a dolori lancinanti e non altrimenti lenibili, quando quel malato è destinato a morte sicura è lecito intervenire con una sedazione che non solo abbia l'effetto di lenirne le sofferenze, ma possa avere come esito quello di accelerarne la morte?". Poneva questo quesito. E rispondeva: "Dal punto di vista morale la risposta è sì". Credo che confrontarsi con questo antico discorso che risale ai primissimi anni '50 consente di parametrare esattamente quale ritardo abbiamo negli anni accumulato, quale ritardo ha accumulato per un verso la chiesa cattolica, con tutto il peso che ha nel senso comune del nostro Paese, ma anche la classe medica e poi, ancora più stridente perché l'autonomia dei due campi, dei due soggetti, delle due competenze, delle due responsabilità dovrebbe essere assoluta, la classe politica.

Mi sembrava interessante sottolineare questo aspetto proprio perché, e ancora una volta cito le parole prima pronunciate da Rossodivita, c'è questo fatto che davvero, a mio avviso, rappresenta in maniera esemplare il groviglio di equivoci, di ambiguità e di vere e proprie truffe a cui è sottoposta la materia in Italia.

Come non vedere che la scelta di Piergiorgio Welby era sotto tutti i profili una scelta frutto di quel diritto che è prerogativa fondamentale della persona all'autodeterminazione? Che aveva proprio come sua ispirazione e come sua opzione e come sua ambizione quella di seguire il percorso della sua patologia fino al suo esito e come non vedere come quel respiratore fosse l'intervento esterno, il presidio artificiale, il macchinario, che introdotto nel suo corpo costituiva un fattore che rappresentava in quel momento preciso della vita di Piergiorgio un ostacolo all'esercizio della sua piena volontà. Non solo il negare la cerimonia religiosa, ma tutto quello che era intorno, compresa l'imputazione per Mario Riccio e tutta l'indecente letteratura che senza capacità di distinguere, di approfondire parlò di eutanasia, ha contribuito in maniera determinante ad accumulare, su quella vicenda umanissima e così intensa, il profilo politico, perché Piergiorgio Welby era un militante politico, e quello emotivo, perché quella vicenda fu anche una grande storia d'amore e di volontà di inviare messaggi a un'opinione pubblica che chiedeva su questo tema risposte ed esperienze concrete, rispetto a quanto, su quella vicenda, c'è stato di manipolatorio, di ingannevole, di truffaldino.

Mi piaceva ricordare questa vicenda proprio perché probabilmente da lì è utile ripartire in questo percorso faticosissimo e che tante resistenze di diversa natura incontra.

Il ritardo dell'Italia sui diritti civili
di IVAN SCALFAROTTO

IVAN SCALFAROTTO, Sottosegretario di Stato per le Riforme costituzionali e i rapporti con il Parlamento

Ritengo che prima di entrare nel vivo della questione che voglio porre, sia il caso di fare una piccola premessa sui numeri. Forse, in partenza, ero più pessimista di Luigi Manconi circa la risposta dei parlamentari al nostro appello, ma ora i 43 deputati e senatori, mi sembrano già un numero discreto; 43 persone messe insieme mi sembrano già visivamente un numero considerevole. Anche perché abbiamo raccolto le firme in modo molto artigianale.

Non c'è la firma di Pippo Civati, per esempio, ma che credo che – essendo egli qui presente – aggiungerà subito la sua firma. In Parlamento, di solito, accade che se se si vuole far firmare una iniziativa ai colleghi, si manda una mail generale che spesso va a finire sotto una montagna di mail tra le quali è difficilissimo discernere le cose interessanti dallo spam più puro. Le nostre mail camera.it o senato.it sono piene di qualsiasi cosa. Per questa iniziativa, invece, anche per la delicatezza e l'importanza del tema si era deciso di evitare la posta elettronica e di stabilire un contatto personale con ciascuno dei nostri colleghi. Questo perché la firma di quel documento diventasse anche occasione di dialogo, un'occasione per parlarsi, spiegare perché si chiedeva di firmare, per non farlo diventare solo un atto burocratico. Così, per esempio, ne ho parlato con Daniele Capezzone durante le votazioni per la riforma costituzionale. Lui mi ha personalmente detto che avrebbe letto la proposta di legge, poi mi ha detto che l'avrebbe firmata, ma non vedo il suo nome nella lista. Colpa mia, probabilmente, posso aver mancato di comunicare l'adesione dell'onorevole Capezzone, ma già questo aggiunge un ulteriore firmatario alla nostra lista. E segnalo anche che tra i firmatari c'è un ulteriore membro del governo, che è la mia collega Sesa Amici.

Queste sono le buone notizie, ma credo che ci sia anche un lato negativo da esaminare, e cioè che se anche fossimo stati in trecento a firmare l'appello, questo non avrebbe significato granché. Questo perché il nostro resta uno strano Paese da questo punto di vista: un Paese nel quale il fatto che le persone abbiano un loro progetto di vita individuale sembra qualcosa di esotico, una stranezza. Di fatto non se ne occupa nessuno. C'è una montagna di temi, patrimonio – devo dire – soprattutto del Partito Radicale, sui quali si fa una fatica bestiale anche, solo, a parlarne.

Faccio degli esempi: le droghe, le carceri, il reato di tortura; come si vive, come si nasce, come si muore, come ci si ama; tutto ciò che riguarda non me come cittadino del comune di Milano, me come iscritto alla CGIL, me come tassista che fa parte del gruppo dei tassisti o di quello dei controllori di volo o del gruppo del Partito Democratico. Il cittadino italiano, quando fa parte di un gruppo alla fine un minimo di tutela ce l'ha, ma quando vengono a galla e diventano importanti le scelte che hanno a che fare con la vita singola e individuale di ciascuno di noi, che è un miracolo irripetibile e unico (e il cittadino vuole anche poter determinare, imprimere un corso alla propria vita), il riconoscimento di questi diritti diventa molto complicato indipendentemente dal numero di parlamentari che ti sostengono.

Non è necessario invocare la *Magna Charta Libertatum*, ma in altri paesi europei le cose vanno diversamente. Non parlo solo della Gran Bretagna, ma anche della Slovenia, dove la settimana scorsa è stato introdotto il matrimonio gay, e di Malta dove fino al 2011 non si poteva neanche divorziare tra eterosessuali, mentre ora hanno una legge sulle unioni civili. A Malta, che è un'isola cattolicissima, io, signore di quasi 50 anni che da 10 vive con l'uomo che ama, vedrei attribuito un valore alla mia famiglia, mentre in Italia la mia famiglia non vale nulla. Se mi prendesse un colpo in questo momento, il mio compagno, con cui vivo da dieci anni, per entrare a casa per prendere la propria biancheria intima dovrebbe chiedere il permesso a mia mamma o a mia sorella.

Ora: se io facessi firmare un appello per ottenere una legge sul riconoscimento delle unioni gay, probabilmente la firmerebbero non 50 ma 500 parlamentari ma, comunque, la legge comunque sarebbe molto complicato approvarla, come è sotto gli occhi di tutti. La cosa preoccupante è che esiste un'opposizione a questi temi, non necessariamente di maggioranza, ma efficacissima. Nella mia breve esperienza politica ho scoperto che su qualsiasi questione si riesce a trovare un punto di accordo. Se bisogna stanziare 10 miliardi per gli 80 euro, che sono un sacco di soldi, c'è chi è d'accordo, chi non è d'accordo, ma alla fine una via d'uscita la si trova e la cosa si riesce a fare. Su questi temi, invece, le cose restano ferme e basta.

Ultimamente la legge per l'introduzione del reato di tortura, finalmente, è stata approvata al Senato e vedremo cosa accadrà alla Camera; ma il 19 settembre del 2013 abbiamo approvato alla Camera la legge contro l'omofobia e la transfobia che ad oggi, 19 marzo del 2015, giace ancora in un cassetto della Seconda Commissione Giustizia del Senato. Insomma, l'opposizione su queste questioni c'è ed è un'opposizione efficacissima, probabilmente anche perché ci sono da entrambe le parti delle prese di posizione di tipo ideologico. Ripensando alla legge contro l'omofobia, ricordo che nelle piazze italiane si fronteggiano le sentinelle in piedi e le associazioni omosessuali, tutte e due manifestando, da punti di partenza opposti, contro la proposta di legge. Alcuni dicono che è liberticida, altri dicono che non è abbastanza severa e quindi la legge non si fa perché, fatalmente, le due parti avverse sono alleate: l'effetto delle loro opposte opposizioni porta a che la legge non abbia una *constituency*, cioè non abbia un gruppo di pressione, di interesse nel Paese che la faccia propria e che quindi ne giustifichi l'impegno politico per l'approvazione.

Chi si oppone alle leggi sulle libertà della persona, lo fa con un'urgenza estrema. Chi sostiene queste leggi lo fa in modo molto più morbido, timido. Perché? Le grandi culture politiche del nostro Paese, in realtà sono culture politiche collettiviste. Nessuno dei due padri della legge sul divorzio, Baslini e Fortuna, veniva dai grandi partiti di massa. Le nostre sono proposte che provengono da una cultura politica laica che fa molta fatica a imporsi nel nostro Paese. La Presidente della Camera, è formalmente quella che disegna il calendario, ma lo fa sulla base delle indicazioni dei gruppi. Se nessun gruppo si fa portatore di una proposta e lo fa assegnando a quella proposta una certa priorità, la questione diventa dunque complicata.

Forse perché siamo una società che no ha mai smesso di essere corporativa, le questioni di cui stiamo dibattendo vengono sempre considerate di esclusiva competenza di chi ha il problema. Una legge sul testamento biologico, una legge sul fine vita non riguarda solamente la persona interessata o la sua famiglia. Per inciso, io sono portatore di tesi anche più estreme: io sono per l'eutanasia, per il suicidio assistito, o meglio, sono per l'autodeterminazione del cittadino adulto, al quale va data la fiducia che spetta ad un cittadino adulto, e capace di intendere e di volere, che è libero di prendere una serie di importantissime decisioni nella vita, per cui non si capisce perché non possa prendere decisioni che lo riguardano personalmente anche sul modo in cui morire. Una persona può decidere di indebitarsi per un milione di euro, però non può decidere di mettere fine al suo percorso terreno. A me sembra assurdo. Ciò che bisogna fare, comunque, è continuare a parlarne.

Io penso che chi ha sottoscritto questo documento debba continuare a spiegare perché lo ha firmato, debba farlo senza stancarsi, debba farlo affinché si possa creare una cultura su questi temi così importanti. Questo è ciò che manca da noi e, invece, è presente negli altri paesi.

La Francia riunisce il suo Parlamento e arriva ad una decisione così logica, così intelligente, ma soprattutto, così di buon senso, perché è di questo che noi parliamo: del buonsenso. Non stiamo portando avanti nessuna proposta rivoluzionaria, sono questioni di assoluta normalità, che diventano un tabù e per abbatterlo l'unica abbiamo una sola arma: la conoscenza. Bisogna parlarne, parlarne tra noi, parlarne agli altri, non avere timore di dire cose scomode, assumersene la responsabilità.

Mi viene chiesto: "Sei un membro del governo e sostieni queste tesi? Non è una posizione difficile da sostenere?". Io rispondo che la mia carica non mi esime dal dovere di esprimere le opinioni di cui sono convinto in quanto persona, in quanto esponente politico e cittadino. Questo è l'invito a tutti: siamo, siate fuori di qui i costruttori di questo percorso di costruzione perché il corso della storia va in quella direzione. Siamo dalla parte giusta e non ci fermeranno: però bisogna essere determinati e non mollare.

Volevo concludere riprendendo una parte del messaggio di Laura Boldrini che avete letto questa mattina mettendomi il cappello da sottosegretario alle riforme piuttosto che di rapporti col Parlamento. Ci tengo ad informarvi che all'interno della riforma costituzionale in fase di approvazione, uno dei passaggi sui quali si sta discutendo è di inserire in Costituzione l'obbligo per le Camere di esaminare le proposte di legge di iniziativa popolare. Credo che nella storia della Repubblica mai nessuna proposta di legge di iniziativa popolare sia diventata legge. Nella riforma che stiamo approvando, e che è stata già votata sia alla Camera sia al Senato, è previsto che i regolamenti parlamentari dovranno individuare limiti, modalità e tempi, vincolando il Parlamento a calendarizzare queste proposte di iniziativa popolare. Questo penso sia un passo avanti che vale la pena ricordare anche a chiusura del nostro dibattito.

È in gioco la credibilità delle istituzioni
di GIUSEPPE CIVATI

GIUSEPPE CIVATI, Deputato del gruppo Misto, all'epoca del convegno era membro del gruppo PD

Comincio dicendo che non so se la maggioranza dei Parlamentari ha la possibilità di venire meno al vincolo che esiste, per esempio, fra Partito Democratico e Nuovo Centro Destra su questo argomento. Allo stesso tempo, mi sembra un po' ipocrita raccogliere le firme dei parlamentari che sono a favore, senza considerare che i decisori sono altri.

Ecco perché vi propongo una cosa molto radicale: un referendum da sottoporre alla conferenza dei capigruppo, perché ciascuno di loro scelga tra un "sì" e un "no" – scritti ben in grande, perché magari potrebbero sbagliarsi...: che ci dicano una volta per tutte se vogliono o meno incardinare la legge presentata dai cittadini nel dibattito parlamentare. È molto semplice: "sì" o "no". I nomi li conoscete: Roberto Speranza, Renato Brunetta, Zanda, Scotto, i capigruppo dei 5 Stelle (che cambiano). Chiediamo a loro di esprimersi, affinché si definisca la posizione di ciascuno.

Il problema principale è proprio questo. Ivan Scalfarotto ha ragione quando dice che c'è poca convinzione tra chi è a favore, mentre ce n'è di più in chi è contrario. Anche se, comunque, tutta questa convinzione non la vedo.

Il richiamo della Presidente Boldrini è giustissimo, anche se mi piacerebbe che fosse molto più vigorosa su questo tema, che avesse lo stesso slancio che ha su battaglie che io condivido al cento per cento – peraltro molto contestate dall'opinione pubblica -, come quella sul linguaggio che si usa nell'affrontare quella che io chiamo "questione maschile", e non "femminile".

Mi chiedo perché non abbiamo la stessa durezza verso uno scandalo democratico rappresentato da due condizioni che si sposano perfettamente: la prima è che i cittadini presentano leggi di iniziativa popolare e a nessuno interessa minimamente, e la seconda è che stiamo parlando di un tema sul quale ci fu anche un monito del Presidente della Repubblica Giorgio Napolitano. Siccome sono l'esponente politico più distante da Giorgio Napolitano, vi posso segnalare con certezza che è l'unico suo monito a non essere stato raccolto.

Quantomeno sulle carceri – un altro tema posto da Napolitano – abbiamo provato a discuterne, di questo nemmeno abbiamo provato a discuterne.

Di fronte a tale questione, alla questione della partecipazione dei cittadini alle decisioni pubbliche – questione che, peraltro, riguarda anche le riforme costituzionali che stiamo facendo -, abbiamo opinioni diverse, ma la legge di iniziativa popolare è al centro di una riflessione. Perché, mi chiedo, mentre è in discussione la riforma costituzionale queste istanze dei cittadini non vengono rappresentate nel nostro dibattito parlamentare? Su questo il Presidente Mattarella vuole rinnovare il monito del Presidente Napolitano, anche se è di una cultura politica diversa? Perché quel che c'è in gioco è la credibilità delle Istituzioni.

Per me il problema è precedente anche al tema in discussione, che è importantissimo, ma la questione principale è di rapporto democratico e repubblicano. Faccio questa provocazione, perciò, quella di cui accennavo all'inizio: chiediamolo a chi decide perché le cose non vanno avanti, chiediamolo alla conferenza dei capigruppo, non a Ivan Scalfarotto, con il quale sono venti anni che condivido queste battaglie dentro il PD. Abbiamo sempre perso su questo versante, con orgoglio, però sappiamo benissimo che anche nel nostro gruppo ci sono delle resistenze micidiali.

Facciamo una discussione alla luce del sole e diamo una risposta ai cittadini. Anche se dovessimo dire che non intendiamo discuterne, magari per ragioni più serie, come quelle richiamate da Manconi, e cioè perché altrimenti rischieremmo di peggiorare la situazione. Diamo una risposta, qualunque essa sia: per me questo è un fatto di dignità democratica fondamentale.

Superiamo un'altra ipocrisia, infine. Questo è il Parlamento più liberale, sono tutti liberali, ormai è fatta, sono tutti post-ideologici, che è una parola che piace a tutti, nessuno è più né di destra né di sinistra... gioco sulle parole invece intelligenti pronunciate prima da Luigi. Di conseguenza, in un Parlamento così, dovremmo poter discutere di tutto: sarebbe bellissimo superare gli steccati. E invece, anche questa retorica è un po' ipocrita, perché poi c'è una parola che riguarda molti – anche tra noi – su altre questioni, che è la parola "conservazione". E così, alla fine, questo dibattito nasconde la dialettica rispetto a un'innovazione che è banale, che è già riconosciuta in tutti i paesi d'Europa su molte questioni che riguardano le libertà personali, di cui però noi non possiamo parlare. Questa conservazione serve a evitare noie. Perché è chiaro che ne verrebbe fuori un dibattito lacerante in Parlamento. Però, mi chiedo: siamo preoccupati della coscienza dei parlamentari, della stabilità dei governi, delle maggioranze, della nostra vita quotidiana e non invece delle legittime richieste dei cittadini, peraltro su un tema di ordine costituzionale?

Si parlava prima dei 10 miliardi, delle cose importantissime della legge di stabilità, ma qui è in gioco una questione di rilevanza costituzionale. Ciò che ho proposto prima fatelo anche voi (perché se lo faccio solo io mi menano): sottoponete un referendum a dieci persone, o a venti, compreso il Senato – che ancora non è stato abolito. Chiedete un "sì" o un "no" e vediamo cosa rispondono. Una risposta motivata e seria, poi aggiorniamo le nostre campagne.

Aggiungo ora la mia firma al documento proposto da Borletti Buitoni, Scalfarotto e Manconi perché nessuno me l'ha chiesta prima.

Eutanasia in esilio
di EMILIO COVERI

EMILIO COVERI, Presidente di Exit Italia
[Il testo non è rivisto dall'autore]

Grazie per l'invito, che ho raccolto a nome della *Exit Italia*, associazione italiana per il diritto a una morte dignitosa, nata a Torino quasi venti anni fa.

Ringrazio tutti gli amici di Radio Radicale che ci ascoltano, che mi conoscono e che hanno avuto già modo di sentire non soltanto la mia voce, ma la mia presenza e la mia vicinanza all'*Associazione Luca Coscioni*, al Partito Radicale, a Marco Pannella, a Emma Bonino, a Marco Cappato, che ho sempre nel mio cuore, e a tutti gli altri amici.

Sono contento di avere partecipato fin dall'inizio perché ho potuto ascoltare prima fra tutte la tavola rotonda tra i medici. A parte Mario Riccio che conosco e al quale mi lega un'amicizia datata, devo dire sinceramente che sono stato spaventato dalle parole che ho ascoltato dagli altri interventi.

Qui abbiamo fatto, e faccio una colpa veramente, tanta aria fritta, cioè si è parlato di codice deontologico, si è parlato come fa il medico di fronte a una richiesta di un malato, ma io non ho sentito parlare, questa mattina, e mi dispiace di non averlo sentito in questa ultima tavola rotonda, del malato.

Facciamo sempre dietrologia, parliamo di tante cose e non ci poniamo di fronte il malato. Dico solo ciò in questa prima tavola rotonda. Non è vero che i dottori non hanno mai avuto richieste di eutanasia o di lenire le sofferenze, so molto bene che quando uno sta male e urla di dolore se gli viene somministrata la morfina non chiederà l'eutanasia, ma quando non ne può più, non sopporta più, vuole morire, vuole farla finita, concludere una vita infame piena di dolori, che non gli dà più possibilità di guarigione e che non può definirsi vita. Perché non è più vita.

Noi siamo per la vita, la *Exit Italia* è per la vita, ci piace stare con gli amici, andare al cinema, al teatro, in vacanza, ma quando uno sta male non va al cinema, non va in vacanza e pensa soltanto alla sua tragica situazione tragica.

La proposta in sostanza è questa: il malato, in un momento della sua vita in cui non era ancora malato, compila un testamento biologico, chiamiamolo come volete, dichiarazione di volontà, *living will*, cioè una disposizione che riguarda la fine della propria esistenza, una fine che vuole che sia almeno dignitosa e soprattutto senza inutili sofferenze. Se ciò fosse previsto, i signori medici non avrebbero bisogno di fare tanta aria fritta e di preoccuparsi: facendo il testamento biologico, Emilio Coveri, toglie la patata bollente della decisione se dover, eventualmente, continuare oppure se magari scegliere di morire se si trova in una data condizione.

Noi con questa raccolta di firme del comitato, tra cui c'è anche la *Exit*, e non solo l'*Associazione Luca Coscioni*, abbiamo chiesto alla politica italiana che è stata fino adesso una politica del non fare, e questa è una denuncia che faccio perché la politica del non fare diviene responsabile del non prendersi cura delle persone che stanno male, tra cui quelle 60 persone disperate che telefonano a Torino, alla *Exit Italia* e che vogliono risolvere il loro problema dignitosamente.

Ho sentito, finora, tanti bei interventi, ed è stato, per me, un momento di grande apprendimento personale di nozioni e di cultura, quella che manca naturalmente al nostro Paese e alla politica.

Ringrazio Luigi Manconi, che conosco da tanti anni e che fu il primo a chiamarmi nel 2000 per chiedermi di cosa mi occupassi in quel momento. Gli risposi che cercavo di proporre al Paese che una persona possa decidere della fine della propria esistenza al di là delle ideologie politiche, perché l'eutanasia non ha un'ideologia politica, non ha un colore politico, non è del PD o di Berlusconi, l'eutanasia vuole dire che nel momento in cui una persona sta male deve avere la possibilità di decidere autonomamente, perché eutanasia è decidere per se stessi, non per un altro, e soprattutto è evitare di mettere un povero dottore in condizione di dover prendere una decisione al posto del malato. Bisognerebbe prevedere anche la possibilità di nominare fiduciario: nel caso che la persona non fosse più in grado di intendere e di volere, il fiduciario dovrà andare dal dottore, illustrare le volontà del malato e chiedere, se ciò era la volontà del malato, che gli venga praticata l'iniezione letale.

Nell'anno 2000 Luigi Manconi mi fu tanto d'aiuto, però anche lui mi disse che purtroppo non era il momento opportuno, non era il momento buono e purtroppo constatiamo ancora che, come lui disse allora, non c'era, e non c'è nemmeno oggi, la volontà politica di fare le cose.

A me pianse il cuore, è triste sentirsi dire che della questione non gliene importava niente a nessuno, ma noi siamo andati avanti lo stesso perché abbiamo raccolto intanto i testamenti biologici delle nostre persone, ora sono 2500, abbiamo conosciuto e, oggi, facciamo anche parte della *World Federation* delle associazioni che lottano per il diritto a una morte dignitosa nel mondo, abbiamo conosciuto associazioni svizzere. Ecco la via d'uscita.

Questo Governo, pardon non questo di Renzi, ma questi governi, questa politica del non fare ci obbliga ad andare a morire in esilio, lontano dai nostri affetti familiari, dalle cose belle, io vorrei, almeno, poter terminare la mia vita nel mio letto. Non devo andare in Svizzera a finire il mio giorno infame pieno di dolore solamente perché voglio una dignità anche nel morire.

Grazie alle associazioni svizzere, di Berna, Basilea, Zurigo abbiamo avuto la possibilità di informare, perché quello che noi possiamo fare è soltanto informare. Perché altrimenti qualsiasi giudice potrebbe accusarci di avere istigato una persona al suicidio e di avere agevolato l'omicidio del consenziente, che è, ad oggi, un reato per il quale sono previsti fino a dodici anni di reclusione.

A Torino nel 2001 la magistratura ci ha provato con il sottoscritto. Poverini, non si erano neanche accorti che Emilio Coveri era non vedente, ed hanno scritto che portavo su un pullman i malati oncologici in Olanda! Scusatemi questa diversificazione troppo personale.

Exit Italia questo ha fatto per il proprio Paese, e siamo orgogliosi, perché ai sessanta disperati che ogni settimana telefonano alla nostra associazione, possiamo dire almeno che c'è una possibilità di uscita e a chi rivolgersi.

È un'informazione che diamo, sessanta dei nostri sono già stati su, parlo di iscritti alla *Exit Italia*, e hanno avuto la dignità nella morte, nella loro morte. Adesso ne abbiamo altri venticinque. Siccome il nostro Paese ci obbliga ad andare a morire in esilio, e qui in Italia non si possono neanche aiutare le persone ad organizzare la loro fine in modo dignitoso, la *Exit* ha pensato che, visto che in Italia ciò non era possibile, avremmo potuto creare una *Exit Italia* in territorio svizzero e abbiamo creato la *Exit* svizzera-italiana a Lugano, a diciotto chilometri dal confine, con personale svizzero e medici svizzeri.

Noi continueremo sempre a essere rispettosi e ligi alla legge italiana anche se non ci consente di dare assistenza e tanto meno di accompagnare alla morte volontaria assistita, suicidio assistito, una persona che ha scelto questa fine per se. Faremo sapere, però, alle persone che ci contattano che a Lugano, che è più vicino, c'è questa possibilità, che, in più, lì parlano anche italiano e che non c'è bisogno di tradurre le cartelle cliniche in tedesco e tutti gli altri documenti.

Vi ringrazio, e ringrazio naturalmente il Partito Radicale e l'*Associazione Luca Coscioni* e tutti gli amici che sono qui perché il fatto di essere venuti qua è sintomo della nostra sensibilità a una situazione purtroppo tipicamente italiana di non agire e di non prendere in considerazione le persone che stanno male.

Cominciamo a pensarci da oggi, chiediamo ai politici, a quelli che devono prendere le decisioni, che si facciano carico di questa istanza e poi potremmo anche eventualmente esservi un po' più riconoscenti.

La disobbedienza civile
di MARCO CAPPATO

MARCO CAPPATO, Tesoriere dell'Associazione Luca Coscioni e promotore della campagna Eutanasia Legale
[Il testo non è rivisto dall'autore]

Sulla questione delle proibizioni in Italia, da oggi Mina Welby, Gustavo Fraticelli ed io ci assumiamo la responsabilità, pubblicamente, di fare esattamente quello che Emilio ha ricordato che non si può fare. Abbiamo cioè aperto da oggi un sito internet che si chiama "soseutanasia.it", sotto la personale responsabilità di tre persone che si associano per fornire informazioni, ma anche supporto logistico in modo pubblico, alle persone che chiedono di ottenere l'eutanasia all'estero, in Svizzera.

Sul piano penale si chiama "concorso all'omicidio del consenziente", perché la legge non prevede altro. Non prevede quella depenalizzazione in casi molto precisi, delimitati, regolati che la nostra proposta di legge di iniziativa popolare prevede. Noi faremo questa iniziativa fino a quando il Parlamento non inizierà a discutere. Discutere: non pretendiamo che i parlamentari siano a maggioranza d'accordo con noi, ma pretendiamo che discutano perché lo dice la Costituzione e perché abbiamo fiducia che, se quel dibattito sarà davvero un dibattito pubblico, i numeri parlamentari si scontreranno con i numeri popolari, che riguardano la maggioranza dei cittadini italiani.

Da oggi parte questa azione di disobbedienza civile. C'è anche un conto corrente per chi vorrà sostenerne le spese legali. Mina Welby, Gustavo Fraticelli ed io forniamo in modo pubblico e aperto – e ne daremo testimonianza e prova pubblica – sostegno, informazioni, ma anche sostegno logistico e non solo, per coloro che hanno le possibilità economiche e fisiche, purtroppo non sono quindi tutte le persone, che vogliono andare in Svizzera per ottenere il suicidio assistito.

La strada dello scandalo
di EMMA BONINO

EMMA BONINO, già Ministro degli Affari Esteri

Mentre ascoltavo gli interventi precedenti – sarà perché è un periodo in cui rifletto, per ragioni varie a causa di una mobilità, come dire, limitata, sulla mia vita -, ho trovato elementi di frustrazione e di conforto allo stesso tempo.

Di frustrazione perché tutto si ripete, qui risiamo alla disobbedienza civile che rimanda la mente al 1975 con il *Cisa* e alla disobbedienza civile sull'aborto.

Si riparla di turismo sanitario, e anche su questo fronte non è cambiato niente dal 1975, anno in cui, appunto, c'era il turismo sanitario per l'aborto legale, era appena passata la legge in Francia e a Nizza c'era un centro dove poter abortire legalmente.

È anche confortante trovare, però, la stessa cocciutaggine radicale, che non si fa scoraggiare da una situazione illogica da tutti i punti di vista. Secondo me questa cocciutaggine radicale evidenzia, ed è l'unico elemento che voglio sottolineare in questo brevissimo intervento, non solo che la durata è la forma delle cose, ma, semplicemente, che non dobbiamo permetterci di sentirci stanchi, stufi e frustrati. Possiamo, invece, fare uno sforzo per inventare "scandalo".

Ricordo che da ragazza, l'idea era di cercare di scuotere le coscienze, di creare scandalo, di mettere chi era in posizione di decidere in qualche modo con le spalle al muro. Non volevamo condizionare il risultato, volevamo che alcuni temi, sempre quelli, sempre uguali peraltro, non fossero semplicemente esclusi dalle priorità politiche.

È verissimo ed opportuno che ci si occupi della situazione economica del Paese, dei cittadini, però, poi, esiste una specie di silenzio un po' appiccicoso persin un po' melmoso, per non definirlo sostanzialmente ipocrita, su una serie di temi, di scelte individuali, di cosiddette riforme a costo zero, che può darsi abbiano un costo politico, ma che danno, sicuramente, fiducia alla libera scelta dei cittadini, alla loro responsabilità seppur nei margini di regole, e questo è un punto che attiene alla qualità della vita dei cittadini e alla qualità del dibattito e delle istituzioni del nostro Paese.

Possiamo anche accettare, spero però che non lo faremo mai, che non solo ci sono stati strappati i referendum che sono ormai inutilizzabili per mille ragioni, compresa l'imprevedibilità della Corte Costituzionale, ma che sta morendo un altro istituto che ha sempre avuto vita magra e cioè le leggi di iniziativa popolare. Questo istituto invece di venire rafforzato come dato di raccordo tra Stato e cittadino, già fragile, lo stiamo letteralmente distruggendo.

E non lo sta distruggendo qualche malavitoso extraparlamentare. No, sono i parlamentari che stanno distruggendo o vanificando un istituto di partecipazione diretta dei cittadini previsto dalla Costituzione e normato in quanto tale.

È una specie di gatto che poi si morde la coda, come se i parlamentari eletti dal popolo sono quelli che poi si assumono la responsabilità di massacrare uno strumento di partecipazione popolare.

Parlavo di silenzio melmoso e in qualche modo un po' ipocrita, credo che l'analisi che fa Luigi Manconi, vale a dire che se in Parlamento si aprisse una discussione oggi sulla questione della eutanasia, saremmo di nuovo alla situazione del caso Englaro, sia corretta. In termini di numeri parlamentari credo che Luigi Manconi abbia, probabilmente, ragione, il problema è, però, di andare al di là di questo e di chiedersi quali sono le ragioni per cui ciò accade. È possibile perché, in realtà, quello che si dipanerebbe, sarebbe un dibattito chiuso tra i parlamentari senza nessun riferimento o apertura verso l'opinione pubblica e le sue dinamiche.

Noi radicali abbiamo detto ma anche dimostrato, che spesso la gente è ben più avanti della sua classe politica e tutte le volte, puntualmente, questo dato si conferma. Tutto quelle questioni che la classe politica trova indiscutibili, troppo complicate, la gente ha già provveduto autonomamente e consapevolmente a risolverle.

Nello specifico, ha le idee molto chiare su quelle scelte individuali in cui la libertà non è, automaticamente, la felicità, anzi spesso, l'esercizio responsabile della libertà, è doloroso e molto faticoso. Non sto parlando di licenza, sto parlando dell'esercizio responsabile della libertà, che non è automaticamente la felicità, anche se è vero che la mancanza di libertà produce solo infelicità.

Ma anche se l'esercizio della libertà è faticoso e anche doloroso, non passa attraverso scelte facili, non si possono delegare a terze persone. La dignità della mia persona deriva anche dal fatto che, per me, non decide né Pannella, né Roccella ma che spetta a me o un giorno spetterà ad una persona a me vicina che io indico come migliore interprete del mio volere.

Durante il caso Englaro in quel dibattito sguaiato, volgare, che spero Radio Radicale vi riproporrà qualche volta per dare il senso di ciò che accadde e di come accadde, ricordo certe urla in Parlamento veramente impressionanti, anche da parte di personaggi molto compiti, molto autocontrollati, ma che ad un certo punto sembrava avessero perso il controllo di sé in una specie di psicosi terribile che si era provocata e che si autorinforzava tra il Parlamento e fuori dal Parlamento.

Ricorderete che c'era chi voleva portare le bottiglie d'acqua, e tutta una serie di volgarità, per cui non posso neanche immaginare quanto deve avere sofferto quel padre. C'era la mancanza totale di compassione, che in genere è tipica della persona umana. Una persona umana è tale se in qualche modo patisce con, gioisce con, o comunque prova questo senso di compassione, di condivisione senza dovere ergersi a giudice sulle scelte di vita altrui.

Questo silenzio melmoso è possibile perché per esempio altre istituzioni nel nostro Paese non funzionano. Per esempio non funziona il servizio pubblico radiotelevisivo. Può darsi che sia scontato che questa denuncia venga ma ai fatti è cosi.

Esistono dei temi, delle agende che non sono notiziabili per la RAI e come tali non è notiziabile chi li propone. È molto facile non discutere di eutanasia, basta silenziare Mina Welby e viceversa, cioè viene silenziato un tema e di conseguenza la persona che lo propone. L'arma più efficace non è neanche l'insulto, quello è solo volgare e fa solo male, ma l'arma più efficace scoperta e perpetrata in un modo sistematico, senza eccezioni di sorta, da parte dei mezzi di comunicazione, è il silenzio. Basta non parlarne. Non è neanche necessario parlarne male, che già sarebbe un passo avanti ed almeno il tema sarebbe entrato nell'agenda, basta non parlarne.

Provate a passare una serata, un certo numero di serate a casa ed avrete lo scoramento nel sentite alcuni dibattiti sui temi più improbabili oppure sempre sugli stessi temi. Non rischiate di confonderete il canale, anche i partecipanti sono sempre gli stessi, quindi non vi preoccupate, se vi perdete *Ballarò* provate *Di martedì* tanto è lo stesso, e poi arrivate a *In mezz'ora* della domenica che sempre immutabile. Poi arriva lunedì e si ricomincia. Si ricomincia con i temi e i personaggi, sempre quelli.

Io sono un'appassionata europeista e oltre alle stupidaggini e alle banalità non si è mai riusciti a discutere d'Europa seriamente, del nostro futuro, di dove vogliamo andare in questo momento. Guardate in Italia o fuori dall'Italia, è evidente che chiudendo le frontiere non risolviamo nulla, dalla Tunisia a qualsiasi altro fronte problematico, eppure non è possibile far capire che questa è la scelta sbagliata e questo perché la nostra democrazia è malata. Questa è la verità di fondo.

Tutta una serie di istituzioni non fanno il loro mestiere, non lo fa la RAI, non lo fa il servizio pubblico, poi si pretende che lo facciano i cittadini, i quali ci provano pure a fare il loro mestiere, il loro lavoro, però tutte le altre istituzioni, se voi le passate una a una, in realtà sono deficitarie per quanto riguarda i principali compiti istituzionali a esse attribuiti.

Penso che intanto bisogna resistere e bisogna continuare, magari facendo persino qualche sforzo per inventarsi scandali. So che i Radicali sono spesso accusati di strumentalizzare le lotte che conducono, di inventarsi scandali, magari, il problema è che riusciamo a inventarcene sempre di meno semplicemente per il fatto che anche quando riusciamo a proporne qualcuno cade la mannaia del silenzio e a quel punto puoi avere inventato qualsiasi cosa, ma non ti rimane altro che raccontarlo per telefono a qualche amico. Questa è la verità.

Che i media non facciano il loro mestiere mi sembra abbastanza evidente, ma questa lunga strada non credo sia in solitudine, credo che invece sia condivisa dai cittadini, purtroppo non è una strada che potremo percorrere con a fianco le forze politiche.

Questo mi dispiace molto, così come mi dispiace che si torni, o si rimanga, nel clima per cui i diritti civili, che quando ero ragazza si chiamavano così ma ora pare si chiamino temi eticamente sensibili, appartengono o apparterrebbero a uno schieramento politico. Nella sostanza è quello che sta avvenendo, ma è un enorme peccato, è un enorme deficit culturale e mi auguro davvero, con tutto lo sforzo possibile, di riuscire a coinvolgere quelli che magari la pensano come noi ma non lo dicono.

Per noi le più grandi vittorie in questo Paese sono quelle in cui abbiamo convinto, non abbiamo vinto contro qualcuno, abbiamo semplicemente convinto che la persona umana, questo miracolo irripetibile, fragilissimo, fantastico, trova la sua essenza nella libertà e nella responsabilità di scegliere. Tutto il resto viene magari dopo, ma il fondamento della persona umana è la sua capacità decisionale.

Questo è quello che ci accomuna, questo è quello che dobbiamo portare avanti.

L'8 aprile con Filomena Gallo e l'*Associazione Luca Coscioni* ci sarà un altro appuntamento su quello che resta della Legge 40, cioè niente.

Quanta pena, quanta fatica, quanti dolori per tante tante coppie, quante decine di migliaia di euro, quante miglia, quanti alberghi, quante frustrazioni, per niente indispensabili, semplicemente un aggravio inutile e doloroso della condizione della vita umana dovuto a cosa? A certezze ideologiche? Pensate a quante migliaia di coppie hanno vissuto anni difficili, impegnativi economicamente, con trasferte avanti e indietro nel noto turismo sanitario per una legge che adesso grazie alla testardaggine della associazione e di alcune coppie semplicemente non esiste più. E chi le ripagherà mai di tutto questo?

Questi sono, veramente, come dire, i costi, quando si dice i costi della politica, mi piacerebbe poter calcolare i costi dell'aggravio della vita individuale dovuta alla pavidità della politica. Sono veramente difficilmente quantificabili, ma ripeto, mi piacerebbe che quando si parla dei costi della politica, al di là di tangenti e cose varie si tenesse anche conto di che cosa sono i costi di scelte già al tempo ingiustificate che col passare degli anni si rivelano ingiustificate e che migliaia di persone hanno dovuto subire.

Laicità dello Stato
di STEFANO INCANI

STEFANO INCANI, Responsabile organizzazione dell'Unione degli Atei e Agnostici Razionalisti

Sono qui oggi in rappresentanza dell'UAAR, l'Unione degli Atei e degli Agnostici Razionalisti, un'associazione di promozione sociale nata oltre venticinque anni fa con tre scopi: tutelare i diritti dei cittadini che non appartengono a nessuna religione, promuovere la valorizzazione sociale e culturale delle concezioni del mondo non religioso, difendere e affermare la laicità dello Stato, un principio costituzionale messo seriamente a rischio dall'ingerenza ecclesiastica e che non trova più alcuna posizione da parte del mondo politico. E, per questo, mi dispiace che adesso non siano presenti rappresentanti del Parlamento.

Cosa intendiamo per laicità dello Stato? Noi diciamo sempre che in un Paese migliore la nostra associazione non dovrebbe esistere. Lo diciamo e lo scriviamo anche nel nostro manifesto. In un Paese migliore i diritti civili sarebbero riconosciuti a tutti i cittadini, in un Paese migliore i cittadini avrebbero libertà di scelta e ognuno potrebbe scegliere liberamente per la propria vita e anche per la propria morte.

Il problema principale in Italia non è la religione, il problema principale in Italia è l'atteggiamento supino che la classe politica clericale continua a mantenere verso la religione. Per questi motivi l'UAAR si batte in ogni modo. Uno di questi è stato il raccogliere migliaia di firme, insieme all'*Associazione Luca Coscioni*, a *Exit* e altre associazioni, perché finalmente si possa avere una legge degna di un paese civile.

Nell'ambito del riconoscimento dei diritti fondamentali possiamo dire che nel nostro Paese stiamo facendo passi indietro. Basti pensare che nell'antichità romana e greca la capacità di scegliere il momento ed il modo di andarsene era considerato il comportamento più importante, quello che avrebbe contraddistinto la memoria del defunto presso i contemporanei e i posteri.

Da sardo non posso fare a meno di citare la figura dell'*accabadora*, una forma di eutanasia che si è fatta sino a pochi decenni fa in Sardegna.

La giornata di oggi deve anche, secondo noi, ribadire che dobbiamo in qualche modo liberare le nostre leggi, le leggi di uno stato laico, dalla dottrina cattolica, dall'ingerenza del potere religioso che vuole imporre a tutti la propria morale di parte. I credenti siano liberi di credere e di vivere secondo i dogmi della loro religione, ma anche i non credenti devo essere liberi di non credere e di vivere e morire come desiderano.

Civiltà è assecondare le volontà del paziente
di UMBERTO VERONESI

UMBERTO VERONESI, Direttore dell'Istituto Europeo di Oncologia, ha partecipato in videoconferenza
[Il testo non è rivisto dall'autore]

Credo che il dibattito continuo tra sacralità della vita e responsabilità della vita sia il punto chiave delle differenti opinioni su questo tema. È stato forse risolto da un grande cattolico, Hans Kung, nel suo ultimo libro. Kung sostiene, giustamente a mio parere, dal punto di vista anche di un religioso, che Dio ci ha donato la vita ma che ci ha anche imposto di esserne responsabili, quindi con la vita ci è stata donata anche la libertà. Guai se non ci fosse la libertà. Una libertà che può esprimersi nelle maniere più varie. Essendo, quindi, responsabili, come dice Kung, che è cattolico ma è molto favorevole all'eutanasia, acconsentire che la sofferenza violenta, tragica, dolorosa insieme all'emarginazione, alla solitudine del malato terminale possa essere superata dalla sua richiesta di concludere serenamente la vicenda terrena è un atto di pietà.

Io penso che dobbiamo distinguere tra tre forme con cui noi trattiamo i malati terminali. La prima è di lasciare morire, cioè di sospendere tutte le cure, di sospendere la terapia e lasciare che la malattia abbia il suo decorso finale. La seconda è di aiutare a morire, cioè di aiutare con dosi progressive di farmaci. Questo già si avvicina di più alla terza soluzione che è quella più corretta, quella di interrompere la vita, di dare la morte.

Queste tre diverse soluzioni dal punto di vista etico sono comuni, tutte e tre producono lo stesso risultato finale. Tutte e tre, secondo me, sono forme di un atto di pietà, quindi tutte e tre sono ragionevolmente accettabili, anche se noi riteniamo che se una persona chieda ripetutamente, in lucidità mentale, e con la sicurezza che non vi siano influenze esterne, di interrompere la propria esistenza, tragicamente dolorosa, è nostro dovere aiutarlo a concludere la sua esistenza.

È un atto di pietà. Con le leggi di oggi le tre forme che ho citato hanno una valenza giuridica diversa. Nei primi due casi non c'è reato, nel terzo caso diventa un omicidio. È un'assurdità. Perché non è un omicidio, anzi è la maniera per acconsentire a una richiesta che è legittima perché si tratta di una persona sofferente, e si tratta di una persona che è al limite già naturale della sua vita e che ha, quindi, un residuo di vita da vivere brevissimo, non c'è nessuna ragione di pensare che debba essere un evento contro natura, anzi, assecondiamo la natura in maniera dolce.

È chiaro che una persona in quelle condizioni preferisca concludere la vita serenamente nel proprio letto o nel letto di un ospedale con una semplice iniezione, piuttosto che cercare una forma alternativa, magari cercando di arrivare con fatica alla finalità buttandosi nel vuoto, come avviene molto spesso. Abbiamo avuto l'esempio di Monicelli, non tanto tempo fa.

Questo non è una forma di civiltà. Civiltà è assecondare la volontà del paziente, questo è ciò che ci dice anche la Costituzione. Io non ho molto da aggiungere se non dirvi che con la mia lunga esperienza vicino alla sofferenza sono giunto alla mia conclusione personale, e spero che domani, in un futuro vicino, il Parlamento si decida ad affrontare e accettare questa nostra proposta. Credo che la mia convinzione sia genuina, serena, non influenzata da altri fattori e quindi il mio invito a tutti voi che siete adesso riuniti di continuare, per i giorni che verranno e per le settimane che verranno, a insistere perché è un dovere assoluto quello di assecondare la volontà delle persone, perché è una forma di libertà ed un dovere per noi.

Eutanasia in Europa
di GILBERTO CORBELLINI

GILBERTO CORBELLINI, Professore ordinario di Storia della Medicina, Roma, La Sapienza

L'argomento di cui vi dovrei parlare è la situazione delle scelte di fine vita e delle decisioni di fine vita nei diversi paesi europei. L'ultimo paese europeo in ordine di tempo che si è occupato dell'argomento, come vi sarà stato detto questa mattina, è la Francia. La legge francese sul fine vita, che è stata votata qualche giorno fa al Parlamento francese, è in realtà il risultato di un compromesso fra le aspettative, le intenzioni dei socialisti, in modo particolare, anche di Hollande, che nel 2013 fra le promesse che aveva fatto ai francesi che si apprestavano a eleggere il Presidente della Repubblica, aveva detto che avrebbe fatto una legge che avrebbe consentito l'eutanasia, quindi si parlava esplicitamente di eutanasia.

In realtà la legge, che poi è stata votata a larga maggioranza, è il risultato di un compromesso, si dice un compromesso a ribasso, e può anche darsi che lo sia.

In Italia qualcuno ha, perfino, detto o scritto che la sedazione terminale, nel nostro Paese, è legale. Ma ciò non è assolutamente vero! Nessuno si va a indagare se le sedazioni terminali vengano realmente praticate, ma questi trattamenti rientrano nei trattamenti che sono nella disponibilità del medico, perché, in ogni caso, la sedazione terminale consiste nel somministrare dei farmaci che annullano completamente la coscienza e poi nel lasciare che il paziente "muoia" spontaneamente, ma in molti casi, in realtà, viene sottratta l'alimentazione. In Francia, la sedazione terminale era prima più o meno come in Italia, nel senso che i medici potevano disporne, farla come volevano. Ora non è più così. Adesso i pazienti possono richiedere la sedazione terminale, possono, inoltre, redigere delle direttive anticipate che prima non erano vincolanti, mentre lo sono diventati con questa nuova legge. Alcuni punti chiave di questa legge sono, appunto, le direttive anticipate divenute vincolanti e la disponibilità su tutti i trattamenti. Quando, in Italia, si stava pensando di fare la legge sul fine vita non si volevano, ad esempio, ammettere come disponibili al paziente l'idratazione e l'alimentazione artificiale. Ma c'è un altro punto importante della normativa francese e cioè che i pazienti possono richiedere la sedazione terminale e non è nella disponibilità del medico di rifiutare. Capisco che questo possa sembrare un po' ipocrita, perché se uno poi toglie la coscienza e lascia morire non è che il risultato sia molto diverso da quello che sortisce dalla somministrazione di un farmaco che produce immediatamente la morte del paziente, però una volta che non c'è la coscienza la persona non c'è più da un punto di vista biologico e psicologico. È chiaro che l'aspetto affettivo e relazionale rappresenta un'altra questione.

In Europa, come immagino tutti quanti saprete, tre paesi hanno legalizzato sia il suicidio medicalmente assistito, sia l'eutanasia: l'Olanda, che ha cominciato questo processo molto presto, negli anni '70, ed è stato portato avanti negli anni '80 con una serie di sperimentazioni in cui i magistrati, i giudici e la comunità dei medici hanno piano piano sintonizzato e qualificato le condizioni migliori per evitare che si verificassero abusi e quali fossero le condizioni migliori per far sin modo che ciò non accadesse. Questo è quanto coloro che sono contro l'eutanasia paventano che accadrebbe perché nel momento in cui si ammette l'eutanasia, si legalizzasse l'eutanasia i malati verrebbero abbandonati. Non è assolutamente vero, l'Olanda e il Belgio hanno dei servizi, forniscono assistenze palliative che sono tra le migliori in Europa, quindi chi vuole scegliere per una morte più rapida, indolore, o chi si trova in una situazione in cui la sua condizione è insopportabile o chi addirittura vuole arrivare fino alla fine, eliminando semplicemente, quando è possibile, il dolore lo può fare tranquillamente.

Il concetto che, in molte discussioni, andrebbe tolto, l'idea, il pregiudizio o la manipolazione retorica che andrebbe tolta in tutte le discussioni è che se c'è una legge che legalizza l'eutanasia ciò non implica l'obbligo dell'eutanasia per chi è in condizione terminale. Semplicemente, la legge consente a chi vuole usare questo sistema di usarlo in sicurezza, e nelle condizioni che desidera, anche se poi si accorge che in realtà non voleva davvero l'eutanasia ma voleva che gli stessero un po' più vicino e allora può accedere ai trattamenti palliativi e questo significa una maggiore possibilità di scelta. L'eutanasia amplia le possibilità di scelta, quindi va esattamente nella direzione di paesi civili, liberaldemocratici dove l'autodeterminazione è un valore fondamentale. L'autodeterminazione è una cosa importante, ma molte volte le persone si autodeterminano illudendosi o ingannandosi di autodeterminarsi veramente. Nei paesi come Olanda e Belgio ci sono delle procedure che aiutano a capire questo.

Olanda e Belgio hanno, dal 2002, una legge che legalizza l'eutanasia, il Lussemburgo si è accodato nel 2009. Il Belgio e l'Olanda hanno anche delle leggi che consentono l'eutanasia ai minorenni e ai bambini malati. Questa è un'altra questione da molti ritenuta inaccettabile, ma se uno ci pensa un attimo perché dobbiamo auspicare che le persone adulte possano scegliere o decidere di mettere fine alla loro vita e non provare dolore, mentre i bambini devono soffrire? Ci sono tanti fattori per capire la condizione in cui queste scelte, anche da parte dei bambini, possono essere fatte.

Altri paesi dove ci sono condizioni che consentono, invece, in un modo diverso di terminare la vita anticipatamente sono, per esempio, la Svizzera, dove l'articolo 115 del Codice Penale che data addirittura il 1942, consente di aiutare una persona, o meglio, considera illegale e definisce un reato l'aiuto al suicidio, ma allo stesso tempo se questa richiesta è stata fatta insistentemente in modo consapevole e con ragioni mediche valide, la questione può essere depenalizzata. In Svezia c'è una forma, chiamata eutanasia passiva, che consiste nel divieto di praticare un accanimento terapeutico. Questa è una caratteristica dei paesi scandinavi, quindi Svezia, Norvegia, Finlandia. Una decina di anni fa l'Asset aveva pubblicato un grosso studio, Eureld, che analizzava come si muore e quali sono le scelte di fine vita in una serie di paesi europei. I paesi scandinavi singolarmente spiccavano per avere dei casi abbastanza alti di eutanasia nascosta, non ufficializzata. In Finlandia ci sono dei medici e dei politici che teorizzano la zona grigia di cui si parla anche in Italia: sono cose che si fanno, che si decidono e quindi sicuramente l'eutanasia è praticata, ma si ritiene che sia meglio praticarla nella penombra, lasciandola alle gestione individuale del rapporto medico-paziente. Non do giudizi su questo, ma non dimentichiamo che questo è un modo che può anche funzionare in paesi che hanno una popolazione ridotta e dove c'è peraltro una tradizione e una cultura protestante, ma anche abbastanza chiarezza e trasparenza nei rapporti sociali, e nei rapporti medico-paziente.

La Danimarca si stava per avvicinare a una legge sull'eutanasia, ma poi un panel di esperti di etica ha bloccato tutto nel 2003 perché si sono dichiarati contrari alla legge anche se da un sondaggio, fatto qualche anno fa presso i medici danesi, risulta che il 41% dei medici aiutano i pazienti a morire quando sono in fase terminale.

Ovviamente è vietata l'eutanasia in Irlanda, anche se da un sondaggio recente risulta che il suicidio medicalmente assistito sarebbe accolto favorevolmente dal 50% degli irlandesi. Ci sono poi altre realtà importanti che ho lasciato per ultime, che sono in particolare la Germania che ha una legge in vigore dal primo settembre del 2009 che ribadisce fermamente il diritto all'autodeterminazione e rende valide le direttive anticipate e quindi lascia nella disponibilità del paziente di accettare o meno i trattamenti e di prestabilire quali trattamenti non vuole che gli siano praticati nel momento in cui dovesse perdere coscienza. La Germania, però, ha delle difficoltà sul tema dell'eutanasia perché, non dimentichiamoci, che uno di fatti più emblematici del '900 fu la famosa legge sull'eutanasia che Hitler firmò nell'ottobre del '39 e che poi retrodatò al primo settembre dello stesso anno.

La Gran Bretagna è un esempio abbastanza interessante perché ci sono stati sforzi, tentativi da parte di alcune figure politiche per calendarizzare un dibattito in Parlamento a partire soprattutto dalla Camera Alta sul suicidio medicalmente assistito, ma c'è sempre stata una forte opposizione della comunità medica. Questa è una costante un po' di tutti i paesi europei ovvero, laddove i medici non collaborano, e non lavorano a definire le condizioni per introdurre questa importante novità che si può manifestare nel rapporto tra medico-paziente nelle fasi terminali della vita, è veramente molto difficile portarla avanti. In Gran Bretagna in base al *Mental Capacity Act* del 2005 sono legali le direttive anticipate di trattamento, ma le condizioni affinché queste direttive possano essere redatte sono molto restrittive e non sono del tutto legalmente vincolanti. È interessante che, una delle più importanti riviste mediche della Gran Bretagna, il *British Medical Journal* nel 2012, abbia pubblicato un editoriale in cui invitava i medici inglesi a essere più neutrali rispetto a queste scelte che sono scelte che spettano anche ai cittadini favorevoli e e che vorrebbero, appunto, che ci fosse anche in Gran Bretagna una legge che legalizzasse il suicidio medicalmente assistito.

Eutanasia clandestina in Italia
di CARLO TROILO

CARLO TROILO, Consigliere generale dell'Associazione Luca Coscioni

Il 18 marzo del 2004 mio fratello Michele, malato terminale di leucemia, si suicidò, non avendo trovato un medico disposto ad aiutarlo a morire, gettandosi dal quarto piano della sua casa. Da allora ho cominciato una battaglia, prima da solo, poi a fianco della *Associazione Luca Coscioni*, per la legalizzazione dell'eutanasia.

L'anno scorso, nel decennale della morte di mio fratello, organizzammo con la *Associazione Luca Coscioni* una conferenza stampa in cui ebbi il piacere di avere con me (ci misi solo un po' di tempo per ottenere il loro consenso) tre congiunti di persone famose che si erano suicidate, cioè Chiara Rapaccini, compagna di Mario Monicelli – che ringrazio anche per essere qui con noi – Luciana Castellina, compagna di Lucio Magri – che è a Milano ma spiritualmente con noi – e Francesco Lizzani, figlio di Carlo Lizzani, che ha mandato un messaggio che leggerò.

L'anno scorso facemmo questa conferenza stampa e avemmo un grande risalto sui giornali, sia per la presenza delle persone che ho nominato, sia perché il Presidente Napolitano mi mandò una lettera in cui appoggiava l'azione mia e della *Associazione Luca Coscioni* e invitava il Parlamento a una riflessione serena e approfondita su questi temi. Il messaggio di Napolitano suscitò gli interventi e le risposte di alcuni esponenti politici, mentre molti altri tacquero cautamente. Bruno Manfellotto, che è qui davanti e che ringrazio sempre per il suo impegno sui diritti civili, mise un redattore dell'"Espresso" appresso a questi signori, che andò a "sfruculiarli", come si dice a Napoli. Ottenne delle risposte, praticamente tutte positive: "tutti siamo d'accordo, tutti facciamo, faremo, modifichiamo il regolamento ecc." Dopodiché è passato un anno e, come vediamo, non è successo quasi nulla.

Non voglio polemizzare troppo con i politici anche perché poi sono stati gentili e sono venuti, però devo constatare che di fatto non è successo nulla.

Il convegno di oggi si tiene a quasi un anno esatto dalla conferenza stampa del 18 marzo dell'anno scorso. Dopo un anno siamo tornati a discutere del tema. Come si è detto, abbiamo avuto le risposte di alcuni politici ed altre arriveranno oggi, perché quello che cerchiamo e che speriamo di fare è un passo avanti in questa battaglia nella quale non ci dobbiamo mai stancare, come ha ammonito oggi Emma Bonino, ma sempre combattere e mai arrendersi.

Fra le tante motivazioni che giustificherebbero la legalizzazione dell'eutanasia, che sono di ordine morale, politico, giuridico, ma soprattutto umano, ne ho scelte due: l'eutanasia clandestina e il suicidio dei malati.

Essendo stato per molti anni capo ufficio stampa di vai enti, ho imparato che ai giornalisti più che le opinioni interessano le notizie e soprattutto interessano i dati. Il professor Saraceno esaltava la "nuda forza dei dati", e rilevava quanto questi siano in grado di suscitare interesse.

Riguardo al primo punto, nel 2007 c'è stato uno studio molto noto dell'Istituto Mario Negri, di cui è Presidente il professor Garattini, dal quale, in sintesi, è risultato che circa venti mila malati terminali ogni anno muoiono con l'aiuto attivo del medico. Prima il dottor Riccio ha parlato di 18mila casi, ma era il 2007, oggi probabilmente saranno di più.

Sono stato accusato per questo di mentire, di falsare la realtà perché, dicono i medici, dice Garattini, "noi in realtà facciamo soltanto desistenza terapeutica". Secondo me questa è una questione in gran parte nominalistica, può darsi che io tiri l'acqua al mio mulino definendola brutalmente eutanasia clandestina, ma tutti la definiscono così perché poi di fatto molti di noi, soprattutto i meno giovani, che quindi hanno avuto più vicende di amici malati, hanno vissuto quello che è successo a me.

Un giorno la moglie di un amico malato terminale di cancro mi chiamò e mi disse di andare a trovarlo il giorno stesso perché l'indomani non l'avrei trovato. In quella vicenda, era stato programmato tutto in modo puntuale. Loro fanno desistenza terapeutica, tolgono tutti i sostegni vitali. Interessante è il fatto che la Francia ha finalmente definito in modo inequivocabile che idratazione e alimentazione artificiali sono misure mediche e non sostegni vitali come dicono i medici cattolici, per cui il caso Eluana non sarebbe esistito se ci fosse stata, in Italia, una norma come quella dei francesi.

Che l'eutanasia clandestina sia diffusissima in Italia è confermato continuamente. Pensate alle interviste dei professori Saba e Sabatelli a breve distanza tra loro, pensate all'intervista dell'infermiere del Careggi che è uscita con grande risalto su "Repubblica" e che parla di quaranta eutanasie clandestine l'anno. Il Careggi ha circa 1300 letti, il numero dei posti letto totali negli ospedali italiani sono circa 230 mila, moltiplicate e vedrete che si arriva a percentuali molto elevate.

Oltre a questo, però, verso l'eutanasia clandestina provo fastidio per la logica gesuitica che la caratterizza, e cioè la logica del si fa ma non si dice che comanda in questo Paese. Ma non solo: tutti i timori di deriva eutanasica, di cui il Vaticano, i preti, gli ultracattolici parlano continuamente, esistono proprio perché lì dove c'è la clandestinità sono possibili tutte le derive, perché posso, per esempio, avere un vecchio zio miliardario malato e accordarmi con il medico corrotto per farlo fuori. Quindi, la clandestinità mai!

Sull'altro tema, i suicidi, sono andato a cercare i dati, ho fatto un po' un lavoro da giornalista, e ho trovato quelli dell'Istat, non difficili da reperire. Questi dati sono agghiaccianti, prego i colleghi giornalisti di riprenderli, di rilanciarli. Questi dati ci dicono che ogni anno mille malati si suicidano e più di mille tentano il suicidio.

Sono dati raccolti dalle forze dell'ordine, quindi Polizia e Carabinieri. Non possiamo sapere quanti altri suicidi esistono e avvengono in Italia. Ricordo che i miei due nonni medici condotti di paese mi raccontavano che andavano a casa del vecchietto malato, e nonostante sul comodino vedessero il flaconcino di sonnifero completamente vuoto certificavano che la morte era avvenuta per cause naturali.

Peraltro, ho imparato un'altra cosa incredibile quando ero capo ufficio stampa dell'IRI. Ero in una posizione un po' importante, venivano spesso da me a pregarmi di intervenire con le cronache romane o con le cronache nazionali perché non si sapesse che una data persona si era suicidata, questo perché esisteva ed esiste una specie di incredibile riprovazione morale nei confronti dei suicidi e dei parenti dei suicidi, che, per questo, tengono a nasconderlo.

Probabilmente i dati che ho riportato sono sottostimati, e considerate che mille suicidi sono più dei morti sul lavoro per i quali tutti, giustamente, dall'ultimo lettore dei giornali al Presidente della Repubblica, protestano con forza.

Vorrei sottolineare, senza attribuirmi una tale importanza, che sicuramente anch'io ho suscitato, soprattutto sui suicidi, un dibattito che non c'era prima e che ha dato molto fastidio a chi è contrario all'eutanasia.

In Olanda, quando hanno percepito l'entità del fenomeno dell'eutanasia clandestina hanno avviato un'indagine conoscitiva, che il Parlamento italiano rifiuta da sempre, ed é risultato che il numero delle persone che ricorrevano all'eutanasia clandestina era elevatissimo. Per cui, il passo successivo è stato legalizzare l'eutanasia. Un paese normale dovrebbe fare così, ma noi purtroppo non siamo un paese normale.

Qui in Italia, dopo che i giornali hanno cominciato a sollevare tali questioni, i dati sono spariti. Improvvisamente, dal 2007, le ricerche che venivano fatte ripetutamente, anche due-tre volte l'anno dai centri importanti su come si muore negli ospedali italiani, sono cessate completamente. L'Istat ha emanato delle linee guida che deve avere scritto la Roccella, credo, sicuramente non i tecnici dell'Istat, in cui si dice: il suicidio è una notizia che ha un effetto imitativo, dobbiamo andarci cauti nel dare i dati, quindi togliamo, dalla tabella in cui ci sono tanti dati (maschi, femmine, nord, sud, studenti, lavoratori ecc.) ma c'erano anche il movente e la modalità di esecuzione, è stato tolto il movente. Per cui oggi chi volesse capire, da quelle tabelle, qualcosa del perché la gente si suicida non è più aiutato a capire. C'è una incredibile censura sulla verità, questo veramente fa paura.

Vorrei adesso giungere alla lettera di Francesco Lizzani. Francesco mi ha chiamato un paio di giorni fa e mi ha detto di avere degli impegni a scuola: lui è un professore di storia e filosofia attentissimo, impegnatissimo, non perde mai una riunione di docenti. Mi disse di leggere il suo intervento ed allora avrei capito. Cosi ho fatto e mi sono reso conto del perché, effettivamente, il dramma di Francesco è molto più recente di quello che ho avuto io, per cui quelli che come me e Chiara Rapaccini ci sono passati, sappiamo benissimo che il lutto è sempre difficile da elaborare, il lutto per una persona cara che si è suicidata non è elaborabile se non forse come facciamo noi, cioè come ho scelto io, come avete scelto voi, più di recente, di fare, cioè battendosi per le stesse cose che quella persona cara avrebbe voluto.

La lettera è questa: "Cari amici, il rilievo dell'iniziativa odierna è la ragione stessa della mia scelta di restare in seconda linea. La vicenda che mi riguarda è nota, anzi è all'origine di una ripresa di iniziativa che Carlo Troilo ha saputo tradurre in concreta azione politica. Colgo l'occasione per rievocare i fatti che mi riguardano direttamente. Uscendo di casa con mia sorella Flaminia, qualche ora dopo la morte di mio padre, ci siamo trovati assediati da microfoni, telecamere e domande che era nostra intenzione eludere. Quando però mi sono sentito chiedere: suo padre era depresso? Prendeva psicofarmaci? Mi è come scattata una reazione di difesa, di difesa di mio padre, intendo, della forza e della dignità del suo gesto, del travaglio che l'ha preceduto, delle riflessioni che avevamo condiviso e che aveva espresso, anche pubblicamente, proprio in occasione della morte di Mario Monicelli. Ciò nonostante nulla ci aveva fatto immaginare o presentire la sua scelta se non altro per la forza fisica, non solo mentale, che un simile proposito richiede. Eppure nel momento in cui si è trovato prigioniero di un corpo quasi completamente dipendente dall'aiuto degli altri, Carlo Lizzani è riuscito a raccogliere le sue ultime forze per mettere in atto una decisione coerente con le sue idee sul fine vita e della sua vita in particolare: la libertà di scegliere l'ora della propria fine. Per questo ho avvertito quasi come un'offesa i riferimenti alla stabilità mentale contenuti in domande che tradivano, a loro volta, una concezione del fine vita incapace di intendere la drammatica complessità del problema e ho reagito a quel punto rilasciando una dichiarazione ben diversa da una semplice esternazione personale. Forse ho detto se fossimo in un Paese più evoluto si potrebbe avere anche la libertà di scegliere il modo della propria fine, mio padre avrebbe scelto l'eutanasia. Indipendente dalle mie personali idee sulla questione sapevo con certezza di interpretare correttamente quelle di mio padre. Questa dichiarazione, imprevedibilmente anche per me, è poi entrata nel circuito mediatico rimettendo in moto il dibattito su una questione di straordinaria complessità e di tristi esemplificazioni. Sono poi tornato sul tema con diverse e più articolate riflessioni anche nella forma di una lettera aperta al Presidente Napolitano che si può leggere su "Micromega" online. Ve la segnalo perché è una lettera bellissima. Ricordo tutto questo non tanto per dire di avere fatto la mia parte, almeno per quello che dovevo a mio padre, ma per dire che, per quello che ha di politico tale parte, ha raggiunto il suo scopo almeno dal mio personale punto di vista, nel momento in cui il testimone di chi si è trovato coinvolto in una separazione non naturale o addirittura cruenta della vita viene raccolto da tanti esponenti della società civile e da quella parte del mondo politico che reclama una ragionevole soluzione al vuoto normativo che domina in questo campo. Non come testimone, pertanto, ma come semplice e libero cittadino di uno stato laico, ancora in gran parte da costruire, vorrei dire che mi sento vicino, insieme a mia sorella Flaminia, a questa ennesima iniziativa sui temi del fine vita dell'*Associazione Luca Coscioni* a cui mio padre era anche iscritto e che sosteneva con viva convinzione".

Testimonianze

Mio padre non voleva soffrire
di GESSICA AMETRANO

GESSICA AMETRANO, Figlia di Gennaro Ametrano, morto a Roma il 3 ottobre 2014 a causa di un tumore allo stomaco

Io sono per l'eutanasia. Io non ci potevo credere, sentivo parlare di morte da mio padre, della sua morte, da mio padre, come se fosse normale. Un termine con un significato così orrendo e spaventoso, da settembre 2013 mi accompagnava quotidianamente. Avrei mai potuto pensare che mio padre volesse farmi soffrire? Un uomo del suo calibro? No. Non era possibile. Difficile da capire, doloroso da accettare. Ma papà scandiva il suo "pupetta, devi avere coraggio, io non ho paura della morte, la morte appartiene alla vita", con così tanta serenità e semplicità, forse con qualche lacrima nascosta, che mi apparivano le parole di un uomo fiero e saggio. Certo, mio padre non si stava arrendendo, certo non era la depressione a parlare per lui, tutt'altro. Le sue parole erano piene di amore per una vita che si può vivere, e sicure e ferme nel non volere accettare la sopravvivenza. Lui aveva deciso. Papà era sicuro che avrebbe preferito chiudere il suo cerchio piuttosto che snaturarlo. Ci vuole coraggio per non avere paura dell'ignoto, tanto coraggio, quindi uomini e donne del genere meritano un sacro rispetto, meritano il riconoscimento legale della loro volontà a morire bene. Non devono avere lo straziante, e per alcuni non dignitoso, pensiero del suicidio per potere attuare la propria volontà. La libertà era, è e sarà, un diritto inviolabile di ogni essere umano pensante. Ecco perché sono a favore dell'eutanasia, che se fosse stata riconosciuta in Italia mi avrebbe portato via mio padre in anticipo rispetto alla morte naturale, ma il volere di questo grande uomo, del mio guerriero si sarebbe concretizzata ed io, figlia, non avrei potuto che gioire di questo. Concludo affermando che io amo la vita, perché mio padre, Gennaro Ametrano, che voleva provocarsi una dolce morte, mi ha insegnato ad apprezzarla, ad affrontarla dalla mia nascita, quindi dall'inizio, e mi ha mostrato quale sarebbe dovuta essere la giusta fine in condizioni di malattia terminale. Mio padre era affetto da un bastardissimo cancro allo stomaco.

Insegnamo cos'è la morte
di CHIARA RAPACCINI

CHIARA RAPACCINI, Compagna di Mario Monicelli
[Il testo non è rivisto dall'autrice]

Sono un po' emozionata dalle parole di Gessica. Cosa posso dire se non le cose che hanno già detto Francesco Lizzani, Gessica Ametrano e Carlo Troilo? Sono pensieri che ho anche io per la vicenda Mario Monicelli. Non voglio dire particolari di nessun genere sulla morte di Mario tranne che in tutti noi ritornano questi discorsi che abbiamo sentito nella nostra vita, Gessica con suo padre, ed io con Mario, che non era mio padre ma era mio compagno, padre di mia figlia, ma era un po' un padre anche per me. Mario era molto più vecchio di me, ha sempre insegnato a me e alla figlia e a tutti a non temere la morte.

Questa è una cosa molto importante, perché per bambini italiani, essendo io una pedagoga, laureata in pedagogia e autrice di molti libri per bambini, posso dire che la base di tutti i grandi problemi in Italia è la paura della morte che viene insegnata ai bambini. Ho sempre chiesto alle scuole italiane, agli insegnanti, con cui ho lavorato, che bisogna insegnare ai bambini piccoli, dall'asilo alla prima elementare che la morte fa parte della vita, che si vive 80 o 90 anni, un segmento talmente ridicolo, che non bisogna averne paura. Se le famiglie educassero i bambini piccoli ad una cultura della morte, tutti i problemi che stiamo trattando oggi non ci sarebbero.

Mario ha insegnato questo a noi, ha sempre riso molto della morte, ma così fecero con me anche il mio babbo, la mia mamma, la mia famiglia.

Nel caso di Monicelli si è davanti ad una persona famosa e si parla della sua morte, che è stata una scelta cosciente; nessuna depressione bensì una grande felicità della vita straordinaria che ha fatto, ma in fondo alla sua vita, a 95 anni, ha compiuto un suicidio che non esiste nei testi, nessuno si suicida a 95 anni, perché è sufficiente aspettare un altro minuto per morire di morte naturale. Se, per le persone che hanno vissuto in dignità e l'indipendenza queste condizioni vengono meno allora si ha una buona ragione per il suicidio, che nel caso di Mario è stato fatto, anche con una passione e un senso della rivoluzione, due caratteristiche proprie di Mario, che questo gesto ha a che fare solo con la vita non con la morte. Riuscire ad insegnare questo alla gente italiana e a un certo tipo di brutto cattolicesimo è difficile.

Mio padre che non era per niente famoso, è morto a 95 anni come suo genero, cioè erano uguali di età, ma è morto in un cronicario di buon livello, con una agonia atroce. Quando ho chiesto, con mio fratello, un po' di morfina per alleggerire la fine di un moribondo che sarebbe spirato dopo tre ore, o sette, o un giorno, non ci è stata concessa. Abbiamo urlato di notte, ho urlato io perché urlando svegliavo gli altri malati e davo fastidio al primario che per farmi stare zitta mi ha dato una dose di morfina. Il babbo è morto, è stato un momento serenissimo della mia vita perché ho visto che lui era sereno, ma l'ultima parola che ho sentito prima della morte del mio babbo è stata dall'infermiera cattolica che gli ha iniettato la morfina che mi ha detto: "Brutta signora, queste cose non si fanno, i padri non si uccidono". Ho dovuto vivere, oltre alla morte di mio padre, una condanna morale.

Ripeto, il problema, secondo me, che sono accanto all'*Associazione Luca Coscioni* e a tutti i miei amici ma provo, credetemi, una fatica tremenda nell'essere qui presente e ci sono solamente perché questo sarebbe il volere di Monicelli, per cui Mario è qui, ed è il volere di tutti i parenti, l'origine di tutti i problemi è questa paura della morte che va sradicata, non è facile, ma più si parla con serenità dell'argomento, più troveremo meno ipocrisia nei politici e nelle persone.

Nessuno è esente dalla malattia
di IDA RESCENZO

IDA RESCENZO, Malata di distrofia muscolare

Non sono molto abituata ad avere davanti un pubblico che mi ascolta, in più so che l'argomento di cui si parla oggi è un argomento che tra un po' di anni mi riguarderà. Fino a pochi anni fa non ne volevo sentire nemmeno parlare o pensavo che non mi riguardasse. O perlomeno se si affacciava alla mente lo accantonavo dicendomi che ancora non era ora. Ma siccome guardo sempre un po' lontano, so che non voglio arrivare all'ultimo minuto e non sapere cosa fare, e quindi ho preso in pieno questa posizione.

Mi sono avvicinata non intenzionalmente, pensando che la cosa più facile fosse andare in Svizzera, ma, ahimè, non è così facile andare in Svizzera anche perché si devono affrontare tanti viaggi che io sicuramente quando arriverò a essere distesa sul letto non potrei affrontare. Non so voi chi siate, non so perché stiate qua, sicuramente, per tante ragioni, che io non conosco, e l'argomento v'interessa. Posso solo chiedere che se ne parli, che se ne parli continuamente, perché il fatto di non parlarne vuole dire che non si vuole prendere il problema in considerazione e credo che sia sbagliatissimo.

Che se ne parli, quindi, e che si possa arrivare a una soluzione, in modo che quando arriva il momento, ma non parlo solo per me, parlo anche a nome di tantissime persone che oggi non sono potute arrivare qua come avrebbero voluto, ci sia la possibilità di morire serenamente, non che si debba arrivare a fare gesti estremi.

Capisco anche che l'argomento è complesso, lo intuivo e me ne sono resa conto ancor più, oggi, perché girano intorno molteplici argomenti come l'ospedale, le medicine, le strutture, le associazioni. Quando girano tante cose è perché girano i soldi e dove girano i soldi non si guarda bene niente, o meglio non si guarda bene la persona nelle sue molteplici forme. Lo so per certo perché l'ho visto negli ospedali, l'ho visto negli uffici, l'ho visto nelle istituzioni; da tutti questi contesti e circostanze ho cercato sempre di fuggire, non sempre è facile perché comunque fuggire significa crearsi dei nemici, significa farsi terreno bruciato intorno e rimanere da sola, significa essere esclusa.

Bene, preferisco essere un'esclusa piuttosto che stare in un vortice molto sporco. Però, voi che avete il potere, che avete voglia di lavorare, lavorate! Tanto è una ruota che gira, oggi sono io da questa parte, ma nessuno è esente dalla malattia nelle sue molteplici forme. Il nostro cibo è bombardato, carne, verdure, niente è pulito. La nostra aria è una cascata di veleni, l'acqua irrimediabilmente inquinata. Voi pensate di potervi salvare? Non ho nient'altro da aggiungere. Potete fare molto.

Il problema dell'informazione
di MARCO CAPPATO

MARCO CAPPATO, Tesoriere dell'Associazione Luca Coscioni e promotore della campagna Eutanasia Legale.
[Il testo non è rivisto dall'autore]

Ringrazio Ida Rescenzo. Immagino che qualcuno tra voi qui presenti ha visto la puntata che la trasmissione *Le iene* ha dedicato al tema grazie a persone malate, persone iscritte all'*Associazione Luca Coscioni* che hanno portato la loro voce e la loro testimonianza, quella di Ida, quella di Walter Piludu, quella di Luigi Brunori, dei quali abbiamo letto oggi gli interventi. Questa sera andrà in onda un'altra puntata de *Le iene* dedicato a questo tema; tra l'altro sarà intervistato Mario Riccio, medico di Welby che avete potuto ascoltare oggi. Questa è anche la dimostrazione di come siamo riusciti a far arrivare alle persone un certo tipo di informazione insieme a casi individuali. Gessica, per esempio, ha raccontato il suo a *Le invasioni barbariche*.

Cosa manca allora davvero? Manca il confronto politico tra le ragioni a favore e le ragioni contro. Questo tema è ridotto a cronaca. Ma nella cronaca possono passare informazioni importanti perché penso che queste testimonianze, che non danno necessariamente un'unica soluzione politica, ma impongono di ragionare, anche soltanto per il fatto di mettere le persone davanti al problema, rappresentano il primo passaggio. Ma manca il secondo. In Francia c'è il dibattito parlamentare e c'è il dibattito televisivo tra chi è a favore e chi contro, con quella semplicità di cui è fatta la democrazia che si nutre del dialogo che fa maturare le opinioni di ciascuno, perché nessuno esce da un dialogo con le stesse precise identiche opinioni di prima. È veramente questo ciò che manca nel nostro Paese.

L'esperienza in Svizzera
di SABINA CERVONI

SABINA CERVONI, Accompagnatrice Exit ADMD, Svizzera francofona

Quando sono stata contattata ho chiesto di cosa avrei potuto parlare, mi è stato chiesto di parlare di ciò che faccio, di cosa effettivamente succede.

Volevo fare una premessa prima di entrare in merito alla mia attività: in Svizzera esiste una distinzione tra le associazioni che si occupano di suicidio assistito per i residenti e le associazioni che si occupano di suicidio assistito per i non residenti, c'è una netta distinzione tra queste associazioni.

L'associazione di cui io faccio parte è *Exit* della Svizzera francofona, poi c'è *Exit* della Svizzera tedesca, entrambe sono associazioni che si occupano soltanto dei residenti, sia svizzeri di nazionalità, sia i residenti che risiedono nel paese per ragioni di lavoro o altre.

Le altre associazioni, la più conosciuta è *Dignitas*, si occupano di suicidi assistiti per i non residenti.

Faccio parte di quest'associazione di recente. Quando ho preso questa decisione, in effetti, la prima questione che mi sono posta è stata come ci si forma per accompagnare al suicidio una persona che ne fa richiesta: non ci forma con i libri, come ci si può formare? Io ho seguito altri accompagnatori andando a casa della persona che doveva essere assistita, in genere i suicidi assistiti avvengono in casa, nella maggior parte dei casi, in un'altra piccola percentuale nelle residenze sanitarie per anziani e molto eccezionalmente negli ospedali. Ho iniziato la mia formazione, quindi, seguendo altri accompagnatori. In seguito, a un certo punto mi è stato detto che avevo acquisito la capacità di seguire un protocollo per cui potevo ritenermi accompagnatrice a pieno titolo.

L'associazione per la Svizzera francofona si compone, oggi, di quasi venti mila membri. In tutta la Svizzera, per *Exit* Svizzera, ci sono cento mila persone iscritte all'associazione. Tra queste persone non tutte, in futuro, sceglieranno di suicidarsi, sono persone che hanno deciso che vogliono essere liberi di scegliere e permettere ad altri che scelgono il suicidio, come esito finale della loro vita rispetto alle loro condizioni, che possono farlo senza avere altre spese e nel rispetto, ognuno, della libertà di morire nella dignità.

I vari accompagnatori ricevono un dossier, questo dossier della persona è composto della sua carta di membro, ogni membro paga una quota annuale di circa 40 euro, e da un atto, vale a dire una lettera manoscritta dall'interessato in cui lo stesso dichiara di trovarsi nella piena capacità di intendere e di volere e chiede di essere accompagnato al suicidio. Se la persona non può scrivere di proprio pugno questa lettera verrà stilato un atto notarile. Nel dossier, è presente, anche, un referto medico. Questi documenti vengono esaminati dal medico di *Exit* che valuta se la domanda può essere accettata oppure no, oppure se è necessario vedere la persona per ridefinire la situazione.

Nel momento in cui l'accompagnatore riceve il dossier, si mette in contatto con la persona stessa o i suoi familiari, secondo la situazione e si fissa la data per un primo incontro. Ci si reca a casa della persona, come dicevo nella maggior parte dei casi il suicidio assistito avviene in casa, e si entra nel mondo di questa persona. Un mondo che fino a poco prima era sconosciuto. Ci si trova, in genere in due accompagnatori, la persona che ha fatto richiesta, gli amici e i parenti vicini della persona che fa domanda di suicidio. Ci si incontra per osservarsi, e loro cercano di capire chi siamo noi, se possono darci fiducia per accompagnarli nel loro cammino verso il suicidio; ma anche noi accompagnatori ci chiediamo se la persona che abbiamo di fronte ha, effettivamente, preso la sua decisione in piena libertà visto che è una decisione che la condurrà per il suo ultimo atto di vita. In questo primo momento, ci si trova in una situazione un po' surreale, come potete immaginare. Si passa del tempo a parlare, a discutere con la persona, a cercare di comprendere se ci sono alternative, se ci sono altre possibilità, le ragioni che l'hanno spinta a questo e poi c'è la parte in cui ci raccontano della loro vita, della ricchezza della loro vita.. In genere la vita media delle persone che fanno richiesta di suicidio assistito è 78 anni per le donne e 76 per gli uomini.

Siamo di fronte a delle persone che hanno tutto un vissuto e che ci parlano di loro, della ricchezza della loro vita in cui ci sono anche dei momenti di dolore, ci parlano della loro malattia e di come sono arrivati a prendere la decisione, nella loro piena facoltà di intendere e di volere, di scegliere di finire la loro vita perché sono soggetti ad una patologia degenerativa, o perché, nel caso degli anziani, sono soggetti a più patologie che fanno sì che la qualità della vita, o meglio, ciò che la persona considera qualità di vita non quella che qualcun altro può stabilire, non è più accettabile e, quindi, nelle loro piene capacità decidono di mettere fine alla loro vita.

Questo è parte di ciò che avviene prima. Si spiega, poi, cosa avviene nel momento dell'atto del suicidio e a quel punto si stabilisce una data. Molto spesso, dopo questo primo incontro molte persone non chiamano più per fissare una data, si sentono rassicurati del fatto che hanno qualcuno che potrà aiutarli nel momento in cui dovessero averne bisogno e questo fa sì che molte domande restano inevase. Altri, invece, decidono di fissare una data.

In questa data si va in casa della persona, o nella residenza sanitaria per anziani, e si continua a discutere con la persona chiedendo fino all'ultimo se questa è la sua volontà. In seguito, si somministra un antiemetico che permette di poter assumere il farmaco successivo cioè il *Pentobarbital*, la cosi detta pozione letale. È un farmaco che viene dato in dosi letali ed è la persona stessa che lo assume.

In genere si sente parlare di iniezioni letali, nel nostro caso le iniezioni letali si praticano solamente in situazioni estreme, cioè quando la persona non può assumere il farmaco per via orale. In genere, però, la maggior parte delle persone assume il farmaco per via orale, beve una pozione di 50 cc in cui il farmaco, appunto, ha concentrazione letale, per cui l'assunzione avviene dietro volontà del paziente, e dopo tre-quattro minuti la persona si addormenta.

La persona può decidere di avere intorno a lui la propria figlia, il proprio figlio, i propri nipoti, il medico di famiglia, alcuni colleghi, insomma, ognuno decide di avere accanto le persone che ha amato di più nella sua vita.

E le persone che restano? Le persone che restano hanno una fase per elaborare il lutto. Ci saranno, di sicuro, coloro che sono contro questa decisione. Mi sono trovata in casi in cui mi si diceva che il nipote non era d'accordo con la scelta fatta dal nonno. Io ho risposto che lo capivo, perché il nipote aveva venti anni e non voleva vedere morire suo nonno. Ma quale è la volontà del nonno? Il nonno aveva deciso che in quel giorno avrebbe lasciato la vita.

Questa volontà è determinante, è la ragione per cui in Svizzera è stato possibile che il suicidio assistito possa essere praticato in legalità. La Svizzera è un paese in cui è l'individuo che conta, è l'autodeterminazione che conta, è ciò che fa sì che questa pratica, che a molti può sembrare una pratica assurda, al di fuori di ogni logica, sia una pratica che rispetta la persona.

Questo rispetto che io ho per la vita e per gli altri mi permette di accompagnare le persone.

Io ho lavorato dieci anni negli ospedali italiani, sono un'infermiera specializzata in sala operatoria, ho lavorato molti anni nelle sale operatorie, ho lavorato dieci anni in Africa con la Croce Rossa internazionale di Ginevra, in tutti i paesi in conflitto, per cui ho salvato le persone, le ho accompagnate alla morte, e adesso mi ritrovo in Svizzera a lavorare. Faccio, cioè, il lavoro di accompagnatrice, un lavoro volontariato, per cui non ricevo alcun compenso. Siamo tutti volontari e siamo infermieri, medici, farmacisti, insegnanti, che accompagnano le persone perché credono nella libertà della persona di scegliere come vivere e come morire.

Da Piergiorgio Welby alla campagna Eutanasia Legale
di MINA WELBY

MINA WELBY, Co-presidente dell'Associazione Luca Coscioni

Ascoltando Gessica, la storia di Chiara, Carlo sto pensando a quelle persone che si sono rivolte direttamente a me. Per questo voglio leggervi la lettera di Sara che mi ha chiesto di leggerla qui perché il Parlamento ascolti.

"Mi chiamo Sara, ho 75 anni, sono affetta da più di dieci anni da un cancro al midollo osseo che mi sta portando al punto finale del mio percorso di vita. Non ci sono più terapie per riacquistare uno stato di salute, le trasfusioni avvengono due volte al mese e assumo solo palliativi che mantengono soltanto uno stato di grande spossatezza e profondo dolore dell'anima. Non ritengo dignitoso per me essere accudita da persone estranee. Ho solo il profondo desiderio di andare al definitivo riposo, cioè morire. Se esistesse in Italia l'eutanasia legale, come in Olanda, la chiederei e potrei essere sicura che un medico mi aiuterebbe. Praticare l'eutanasia non significa essere uccisi, ma essere accompagnati nell'ultimo e più difficile tratto della nostra vita. Per questo motivo chiedo a voi, onorevoli parlamentari, di calendarizzare quanto prima la proposta di legge dell'*Associazione Luca Coscioni* per l'eutanasia legale e la validità per legge del testamento biologico, depositata alla Camera dei Deputati dal 13 settembre 2013. Chiedo che si avvii un dibattito serio e sereno sulle libertà di scelta dei trattamenti sanitari e che i cittadini italiani possano avere una legge che dia dignità e serenità alla loro vita fino alla fine. Immagino che questa mia richiesta non mi farà usufruire di una legge sull'eutanasia legale e dovrò lasciarmi morire sola e senza assistenza perché andando in coma sarei soccorsa e costretta a continuare a vivere nella mia inaudita sofferenza, ma insisto con la mia richiesta perché vorrei essere ancora utile a tutti i cittadini, ma in particolare a quelli sofferenti come me. In fede, Sara".

Non ho detto il suo cognome né di dov'è perché lei vuole che questo documento venga pubblicato interamente, anche con indirizzo e tutto quanto, dopo la sua morte.

Vorrei ora fare un'analisi su cosa ha fatto il Parlamento in trent'anni riguardo al fine vita.

Prima di tutto desidero ripetere ciò che scrisse Seneca nella sua lettera a Lucilio: "La vita non è il bene assoluto, ma il vivere bene è un bene". Faccio partire il mio intervento da questa citazione e vorrei che ogni parlamentare pensi con il cuore e non soltanto con il cervello.

È importante, per quello che riguarda l'educazione dei piccoli, dei bambini, educarli anche al senso della morte. Io ho vissuto così, perché nei paesi piccoli, dove sono nata io, 2500 abitanti, è una cosa normale che i bambini vengano portati anche davanti alla salma del morto, ma anche che siano presenti nel momento della morte di un nonno o di un genitore. È una cosa normalissima. Io l'ho vissuta così.

Ma ora, guardiamo il percorso parlamentare negli anni della proposta di legge per la scelta di fine vita; a me non sembra che il nostro Paese abbia fatto passi avanti.

Nel 1984 Loris Fortuna presentò una legge per la sospensione delle terapie, poi Pisapia nel 2000, interruzione volontaria della sopravvivenza, e arriviamo al 2004 con la semplice proposta di legge sulla depenalizzazione dell'eutanasia niente meno che avanzata da un parlamentare della Margherita: Alessandro Battisti. Depenalizzazione dell'eutanasia. C'è stato un dibattito abbastanza vivace e poi è morto lì anche perché il malato che lo aveva provocato, facendone richiesta, intanto era morto.

Dal 2005 con il senatore Tomassini del PDL andiamo a ben otto proposte. È discussa in commissione e in aula, ma cambia il governo nel 2006 e finisce lì.

Nel settembre la richiesta pubblica di Piergiorgio Welby per l'interruzione della ventilazione artificiale con la lettera al Presidente della Repubblica Giorgio Napolitano. Ricordiamo troppo bene il rifiuto del funerale religioso e la grande solidarietà a lui, ancora in vita, nelle fiaccolate in cento piazze in Italia e anche all'estero, a Londra, Gerusalemme, persino a Mosca e l'affettuoso accompagnamento del suo feretro in Piazza Don Bosco a Roma.

Nella XV legislatura (2006-2008) erano stati presentati 5 Progetti di Legge alla Camera e 8 Disegni di Legge al Senato.

Nel 2007 l'*Associazione Luca Coscioni* tenta una campagna di richiesta alle regioni per un'indagine conoscitiva sull'eutanasia clandestina a cui non hanno dato seguito, quasi come se non servisse, come se nei nostri ospedali non esistesse l'eutanasia. Già Welby aveva iniziato e aveva fatto raccogliere firme sull'indagine conoscitiva sull'eutanasia clandestina in tutta l'Italia e in pochissimo tempo avevamo raccolto ventimila firme che poi sono aumentate nel tempo. Aveva iniziato lui come primo firmatario, un mese prima della sua morte.

Ma la volontà politica di seguire questa strada non c'è a tutt'oggi. La stessa richiesta è stata da me rivolta nell'audizione nell'aprile del 2007 alle commissioni riunite della Camera per le politiche sociali e giustizia.

Molti comuni, adesso sono circa 160, hanno istituito il registro per le disposizioni anticipate sui trattamenti sanitari, in barba ai tre ministri, Sacconi, Fazio, Maroni, che avevano inviato una lettera ai comuni, in cui dichiararono illegittimi i registri per le DAT.

La provincia di Bolzano ancora prima che noi dell'*Associazione Luca Coscioni*, iniziassimo a fare la battaglia per l'eutanasia o per le scelte di fine vita, aveva già organizzato un grande convegno e dato alla popolazione della provincia informazioni intorno al fine vita e sulle disposizioni anticipate sui trattamenti sanitari. Il prof. Casonato, che noi conosciamo bene, aveva toccato anche il discorso sulla possibilità dell'eutanasia.

Poi arriva in ottobre 2007 la sentenza della Cassazione sul ricorso di Beppino Englaro per dare seguito alle volontà della figlia Eluana di concludere la sua vita, motivo questo di tremendi attacchi a tutto ciò che riguardava il diritto alla libertà di coscienza. La politica ha dato il peggio di sé con il decreto "Salva Eluana" nel febbraio 2009 e con il disegno di legge Calabrò che stava per diventare una vera vergogna per un paese laico e civile.

Nel 2013 abbiamo raccolto, lo sapete, settanta mila firme per la proposta di legge di iniziativa popolare depositata alla Camera dei Deputati il 13 settembre 2013. Non è servito il messaggio del Presidente Giorgio Napolitano, né le nostre pubbliche richieste con volantinaggi davanti Montecitorio, il nostro *walk around* ecc.

Chi ci dice che non c'è informazione lo dica a chi la deve fare e a chi non la fa, ai direttori generali delle televisioni perché non facciano parlare in TV dei temi sul fine vita, sui diritti civili e umani solo quando c'è una storia eclatante e soltanto nei talk show, perché in quei contesti e in quelle condizioni si fa solamente disinformazione. Assistiamo ad una passerella di personaggi che hanno ben poco da insegnare e da spiegare, e nulla di scientifico da dire. Questa non è informazione. Gli italiani hanno bisogno di una rubrica dove possono partecipare e intervenire, dove esperti, anche di posizioni opposte, si confrontino, senza affrontarsi, e chiariscano le idee sui temi della vita e della morte difficili da affrontare.

Vengono ancora fatte delle indagini sulle scelte del fine vita? Sarebbe molto interessante saperlo. Conosco l'inchiesta del 2003 condotta da ricercatori di bioetica dell'Università Cattolica di Milano, in venti ospedali della città di Milano sull'eutanasia attiva e passiva. L'80% dei medici ammette di avere staccato la spina, cioè aver tolto il respiratore artificiale o aiutato a morire. Un questionario particolareggiato di oltre cento domande era stato sottoposto a 259 rianimatori, il 3,6% aveva dichiarato di avere volontariamente somministrato farmaci letali.

Cosa si fa in altri stati? Un articolo della Consulta di bioetica spiega che la limitazione e l'arresto delle terapie che viene praticata in caso di stato vegetativo permanente dietro richiesta del paziente, ovvero il già citato *"resuscitation orders"* nel caso di rifiuto di intraprendere le terapie o di sospendere delle cure con decesso, costituisce il 90% dei casi negli Stati Uniti, l'80% in Canada, l'85% in Inghilterra, il 50% in Francia, il 34% in Spagna, in Italia l'8%. Ecco perché abbiamo moltissimi stati vegetativi.

Io non dico che sono a favore al lasciare morire, dove non c'è richiesta del paziente, ma il testamento biologico e le volontà espresse della persona devono essere messe in atto. Credo che in altri stati i medici siano molto più attenti che in Italia, e vedono già fin dal principio se le cure sono utili o meno. Chiedo, quindi, anche agli organismi che hanno la possibilità di fare indagini, di farle sulle modalità con cui, per esempio, si applicano le cure palliative previste dalla legge n. 38 del 2010. Le cure palliative, però, non sono solo le cure contro il dolore del malato, ma includono anche le cure psicologiche della famiglia cioè quello che si definisce accompagnamento verso la fine.

In prima istanza c'è bisogno, però, che il malato sia informato adeguatamente della sua malattia, sull'utilità o meno delle indagini e terapie, ma su questo tante volte i medici sono vigliacchi, hanno paura di parlarne al malato. Si deve trovare il modo di dare delle diagnosi infauste non solo ai familiari, ma all'interessato stesso. Nascondere la verità non dà aiuto a nessuno.

Vengano fatte indagini e inchieste sull'eutanasia clandestina nei nostri ospedali, nelle case e su tutto ciò che concerne la gestione della vita dei malati e dei cittadini in genere.

Spero, davvero, che ci sia qualche università che lo faccia, magari per mezzo della facoltà di statistica. Potrebbe essere anche un lavoro affidato agli studenti.

Poi per il resto eccomi come Presidente di *www.soseutanasia.it*.

L'informazione sul fine vita
di BRUNO MANFELLOTTO

BRUNO MANFELLOTTO, Editorialista dell'"Espresso"
[Il testo non è rivisto dall'autore]

Vorrei ringraziarvi non solo per l'invito, ma anche per tutto ciò che oggi, qui, ho ascoltato. Devo fare i complimenti a Carlo Troilo e a Marco Cappato che rappresentano un po' la tenacia di questa associazione e la tenacia della campagna che stanno conducendo ormai da anni. Mi sento di dover ringraziare anche per le testimonianze personali di chi ha vissuto vicende drammatiche e chi, quindi, è entrato nella battaglia per il suicidio assistito e per l'eutanasia sulla scorta di una vicenda personale. Sono storie toccanti e coraggiose e hanno dato a questo nostro incontro una qualità particolare.

Mina Welby è conosciuta da tutti, la sua forza e la sua presenza parlano da sole.

Marco Cappato prima poneva una questione molto importante e allo stesso tempo per chi, come me, da tanti anni fa l'operatore dell'informazione allo stesso tempo, molto delicata. Marco diceva che l'informazione c'è, i fatti ci sono, le vicende vengono raccontate, però non si riesce a fare decollare questa discussione. Non si riesce a portare questi elementi nella vita politica e a trasformarli in proposte di legge, trasformarli in attività politica, in concreta conquista di diritti. Cosa manca?

Invitando me a parlare di questo, Marco, e forse anche tutti voi o alcuni di voi, capiscono e pensano che l'invito sia rivolto a qualcuno che fa informazione: perché, in fondo, è a chi fa informazione che si chiede non solo di suscitare questo dibattito, ma qualche volta perfino di supplire, cioè di fare un'opera sussidiaria nei confronti di chi invece è chiamato, per istituto, a fare questo, cioè a fare politica.

Lo scontro su come vanno costruiti i giornali e su come vanno impostati è una cosa che ci trasciniamo da sempre. Seguiamo la regola delle notizie, Carlo Troilo lo ha ricordato prima, nelle redazioni si dice: chiodo schiaccia chiodo. Quando succede una fatto questo fatto diventa automaticamente più importante di quella del giorno prima, anche se lo è di meno in senso assoluto, ma i giornali sono fatti per raccontare notizie. Negli Stati Uniti un settimanale, come quello per il quale scrivo, si chiama "News Magazine", cioè è una cosa che racconta notizie, racconta novità, quindi su questo si impegna. Non è solo questa la ragione; perché i giornali naturalmente pubblicano anche opinioni, l'esperienza mi ha insegnato, ci ha insegnato, che l'opinione pesa e porta a dei risultati se è un'opinione che si basa su vicende concrete e reali. Capisco che questo è perfino penoso perché in fondo significa che noi ogni anno ci dobbiamo inventare una storia tragica che ci porti comunque sui telegiornali, sui giornali. Problemi come questi riguardanti il fine vite, si comprendono, cioè la grande opinione pubblica li comprende solo quando li vede in qualche modo interpretati dalle persone. Il lavoro che svolge adesso Mina, e che ha svolto Beppino Englaro per tanto tempo, era un po' questo, perché portavano e portano in giro per il Paese sulla propria persona e sulla propria pelle, la discussione. Anche noi giornalisti abbiamo bisogno di queste sollecitazioni.

È vero quando Mina dice che è da tempo che non si vedono inchieste, per esempio, sull'eutanasia della quale ci raccontava Carlo Troilo e cioè quella occulta, quella nascosta, quella di cui non si parla, quella gesuitica, cioè quella che poi si fa ma non si dice. Questo è vero, è un limite che certamente i giornali hanno, però posso dire, sempre per esperienza, che è molto importante il dialogo che si può creare, è molto importante lo scambio di sollecitazioni che ci sono.

Negli ultimi anni grazie appunto a Carlo Troilo e all'*Associazione Luca Coscioni* siamo riusciti sul giornale e sul sito a fare passare molti di questi argomenti approfittando di situazioni delle quali via via si parlava.

C'è un bisogno continuo di alimentare il fuoco della discussione. Io, diciamo così, mi assumo tutte le mie responsabilità, però invito tutti quelli che militano nell'associazione o che sono interessati ai temi dell'associazione o che credono e si indignano per la latitanza di questi argomenti a premere, a chiedere, a sollecitare, a portare storie, informazioni, notizie perché solo attraverso questo scambio di opinioni, di notizie si riesce a costruire qualcosa. Non è facile. Dirò una banalità, però questo Paese sente ancora molto forte e condizionante la cultura cattolica. Sembra un'ovvietà ma non va mai dimenticato, questo è un elemento trasversale a tutti i partiti politici, a tutte le forze politiche. Quindi è anche un problema di coscienza sociale.

Ricordiamo quanto è successo anche negli anni '70 a proposito dell'aborto e del divorzio. Ricordo bene le posizioni che assunse anche il Partito Comunista prima di capire che appoggiare quella campagna poteva portare anche risultati di altro tipo. Senza andare sul grande tema dei diritti civili, è sufficiente ricordare tutta la discussione interna alla sinistra, in particolare interna al

Partito Comunista sull'articolo 7 della Costituzione, sulla revisione del Concordato. Sono problemi e fatti che pesano fortemente nella cultura politica di questo Paese e che, ahimè, non sono ancora state superate.

Ricordo un piccolo episodio che mi è rimasto molto impresso perché erano i primi giorni dell'ingresso in politica di Antonio Di Pietro. Di Pietro veniva da un'esperienza che tutti ricordate: tangentopoli. Ebbe un momento di fama e di successo incredibili anche perché si pensava che uno come lui, che aveva fatto la guerra alla corruzione e al finanziamento occulto e illegale dei partiti, fosse anche disposto a battersi per tante altre questioni che riguardavano il Paese. Una volta mi capitò di intervistarlo, in quell'occasione parlammo di tante cose. Poi a un certo punto gli chiesi quale era la posizione del movimento Italia dei valori a proposito dell'eutanasia. Mi rispose che, personalmente, non era contrario al fatto che una persona possa ricorrere all'eutanasia, ma che per un componente della sua famiglia non lo avrebbe mai fatto. Questa frase, la si può interpretare in molti modi: si può dire che, in fondo, Di Pietro intendesse garantire un diritto a una terza persona, per cui potremmo considerarla una dichiarazione positiva perché sotto quelle premesse c'era, quantomeno, la possibilità di discutere con quella persona della necessità di una legge sull'eutanasia. Ma quell'avvertenza, quel volere sottolineare che, comunque, se fosse capitato a lui non l'avrebbe mai fatto è un diritto in qualche modo astratto, come se volesse intendere che non era disponibile a impegnarsi, fino in fondo, per legiferare.

Ho citato questo caso perché, secondo me, questo modo di affrontare la situazione è molto presente nella cultura politica del Paese, molto presente in chi siede in Parlamento, è molto molto diffuso nella mente dei nostri parlamentari, i quali spero che oggi possano raggiungerci in modo che possiamo rivolgere direttamente a loro queste domande.

Prima di venire qua, per curiosità, sono andato a vedere che cosa hanno fatto i parlamentari che sono stati invitati a questo incontro da quando sono stati eletti parlamentari. Ed ho trovato un lungo elenco, naturalmente, di cose di ogni genere. Hanno presentato un sacco di proposte di legge, questo vale per il senatore della Lega Nord, vale per Civati che si è occupato anche, per esempio, di disciplina dei referendum, una questione che sta molto a cuore a chi crede nei diritti civili, ma nessuno di questi ha firmato o cofirmato una proposta di legge, quale che fosse, negli anni recenti, sui temi di cui stiamo discutendo.

Ho appreso dal blog di Carlo Troilo che dal 1979 a oggi i disegni di legge di iniziativa popolare presentati sono stati 260, non 60, ma 260 e di questi solo 3 poi sono andati avanti nell'iter parlamentare ma sfociando, alla fine, nel nulla.

Carlo nel blog scriveva che, questo, è un esempio di come venga tenuto in poco conto questo diritto. Ma oltre a questo penso che ci sia anche una questione in più come dicevo prima, e cioè che è un tema che spaventa, è un argomento che non si vuole regolarizzare per legge. È la convinzione che si tratti di questioni personali e come tali vadano affrontate e risolte nel chiuso delle case con l'eutanasia clandestina ecc., ed è la difficoltà di arrivare a fissare per legge questa questione cosi delicata a frenare i parlamentari.

Segnàlo, ma lo sapete perché siete più informati di me su questa vicenda, che anche movimenti politici nuovi che sono apparsi sulla scena, penso al Movimento 5 Stelle, nel loro programma non fanno minimamente cenno a questo e ad altri fondamentali diritti civili. Ma non solo riguardo il nostro tema, per esempio nel loro programma non ci sono nemmeno due parole sull'evasione fiscale.

Questo perché? Pensate che l'abbiano dimenticato? No, questo è un tema che purtroppo non si è fatto strada nella cultura politica italiana per le ragioni che dicevamo prima.

Questo è lo sfondo difficilissimo sul quale vi muovete voi come associazione, e si muove chi come noi fa informazione. È ovvio, poi, che chi fa informazione ha bisogno di fonti di informazione, ha bisogno di qualcuno che lo informi sugli avvenimenti, o che gli dia indicazioni sugli avvenimenti o sulle statistiche significative. C'è bisogno di un continuo scambio di opinioni.

Proprio per queste necessità, mi ha fatto molto piacere quando Carlo Troilo ha chiesto di potere avere un blog sul sito dell'"Espresso", di potere avere una sede dove scrivere in piena libertà. Faccio un appello all'*Associazione Luca Coscioni* e cioè vi invito a sfruttate di più la rete, ancora di più di quanto già facciate adesso. Sfruttatela anche per costruire delle cose, sfruttatela per costruire dei documentari brevi, o delle testimonianze brevi da mandare in rete, sfruttatela per raccogliere delle storie, delle vicende che non si conoscono, perché attraverso la rete diventano non solo note al grande pubblico ma spingono l'informazione tradizionale a occuparsene, come un po' avveniva prima quando queste cose succedevano con la radio o con la televisione. Approfittate delle possibilità e anche dei costi bassi che ci sono nella rete per inventarvi anche delle forme di comunicazione e di informazione meno tradizionali di quelle che noi siamo abituati a utilizzare, cioè fate vedere le facce, fate vedere le situazioni, fate vedere i luoghi, fate conoscere i medici, date temi sui quali poi i giornali possano aiutarvi, ovviamente quei giornali che lo vogliono.

Qui entriamo in tutto un altro capitolo. Ogni giornale è fatto com'è fatto, penso a giornali dove ho lavorato io: in quelle situazioni avrei potuto fare tanto per questo tipo di lotte, ed, infatti, quando le ho potute fare, e c'è stata l'occasione, le ho fatte.

Poi c'è un ultimo capitolo che è, ancora oggi, molto importante: quello delle televisioni. È un problema molto serio e molto politico perché, tuttora, il 70-80% degli italiani prendono le loro informazioni dalla televisione, prima questa cifra era il 90, adesso le statistiche ci dicono intorno all'80%, perché comunque la rete un suo spazio lo ha avuto, però le informazioni si continuano ad avere, prevalentemente, dalla televisione. Il problema della RAI, riguardo al quale è in discussione, adesso, una presunta riforma, è un capitolo sul quale bisogna impegnarsi perché è il capitolo dell'informazione. L'informazione radiotelevisiva diventerà sempre più importante, perché è da lì che passa il grosso dell'informazione. Poi si può dire che il resto dell'informazione magari pesa, per parafrasare Cuccia, quella informazione lì si conta perché è un'informazione largamente diffusa. Quindi, per quanto riguarda la radio e la televisione bisogna costituire una strategia vera e propria.

Negli spazi televisivi, oggi, ci sono, per esempio grazie al digitale, delle nicchie che stanno diventando significative, penso una per tutte a Rai Storia, un luogo dove temi e discussioni e soprattutto filmati, quindi testimonianze, quindi video come i vostri possono trovare una destinazione importante. Bisogna provare ad allargare un po' lo spettro anche delle cose che produce la stessa associazione, accanto ai convegni importanti come questo, accanto alle discussioni, secondo me, è molto importante che ci si espanda anche con produzioni proprie su tutti gli spazi di rete e televisivi che è possibile ottenere.

Per quanto riguarda la vecchia carta stampata, tutto quello che posso fare personalmente, e non solo, lo faccio e lo farò come testimonia anche il fatto che sono qui con voi a parlarne.

Conclusioni
di MARCO CAPPATO

MARCO CAPPATO, Tesoriere dell'Associazione Luca Coscioni e promotore della campagna Eutanasia Legale
[Il testo non è rivisto dall'autore]

Per chiudere voglio richiamare intanto il dato politico e istituzionale che ci dice qualcosa sul tema e ci dice anche qualcosa sullo stato della democrazia e del rispetto delle regole nel nostro Paese. Si parla di 260 leggi di iniziativa popolare che il Parlamento non discute. Stiamo attenti a non accettare questo fatto come un fatto come se fosse normale che in Italia succeda così. Perché la Costituzione non dice che il popolo può depositare le leggi in un corridoio del Parlamento, ma dice che il popolo esercita l'iniziativa delle leggi, che evidentemente è una cosa molto diversa e quando ci si abitua e ci si rassegna alla violazione della suprema Carta, che è la legge Costituzionale, il pericolo non è per i militanti dell'eutanasia legale o di qualsiasi altra legge proposta, ma il pericolo è per tutti, per la democrazia in Italia che non c'è, per l'antidemocrazia che avanza. Questo è il primo punto. Noi su questo abbiamo sempre insistito, con Carlo, con la massima pazienza e continueremo a valorizzare le eccezioni, le eccezioni di chi tra i parlamentari, è venuto stamattina, di quelli che non sono venuti oggi pomeriggio, ma che firmeranno l'appello, ma dobbiamo anche chiamare con il loro nome le responsabilità politiche, nessun gruppo parlamentare a oggi ha utilizzato la propria prerogativa di mettere in calendario una proposta di legge, per mettere in calendario questa proposta di legge.

L'UDC lo sappiamo perché, Forza Italia lo sappiamo perché, la Lega lo sappiamo perché, il Partito Democratico lo sappiamo perché, la coalizione etc., Sinistra e Libertà lo sappiamo. È venuto stamattina Melilla, ma lì si potrebbe fare qualcosa di più, la Presidente della Camera, il Movimento 5 Stelle lo ricordo sempre, lo voglio ricordare ancora qui: Beppe Grillo ha dichiarato più volte come può lui, davanti a decine di milioni di telespettatori, che il Movimento 5 Stelle è diventato movimento elettorale perché le loro proposte, quando non erano ancora movimento elettorale, quelle sul Parlamento pulito, 400 mila firme, non erano mai state discusse ed allora c'era Schifani preso in giro come sa fare Grillo, quindi molto molto efficace e anche divertente.

I Radicali come sapete sono stati cacciati dai Parlamenti nazionali, europei, regionali, ma oggi lì ci sono nell'ordine delle centinaia dei parlamentari eletti con il Movimento 5 Stelle. La differenza tra una posizione e una battaglia è proprio che se oggi qualcuno vuole fare la battaglia parlamentare, si ottiene una discussione e con il Presidente della Commissione di vigilanza Fico si ottiene anche un minimo di confronto parlamentare televisivo.

Volevo anche dire, per chiudere, che ci sono degli elementi di forza nostri enormi, in questa sala, in questa riunione e in questa rete e comunità che abbiamo creato. Non dimentichiamo i nostri punti di forza, perché la nostra non è un'iniziativa di testimonianza per stare bene alla fine dell'anno e per dire che anche quest'anno abbiamo fatto un po' di riunioni. Noi questo obiettivo lo vogliamo e lo possiamo ottenere, perché? Intanto il primo enorme punto di forza, l'ha ricordato Emma Bonino, si chiama opinione pubblica e anche si chiama realtà sociale del come si muore, con la vita media che ha superato gli 80 anni per cui questo diventa un problema che tra un anno sarà più sentito di oggi, tra cinque anni sarà più sentito di oggi. Questa è una battaglia che si vince, il problema è quando si vince, cioè quanta sofferenza, dolore e violenza inutile si dovrà perpetrare prima che questo obiettivo sia raggiunto. Questo è il punto.

Noi abbiamo una forza di opinione: i sondaggi dicono, mi riferisco al Gazzettino di un anno fa, che gli elettori della Lega Nord sono maggioritariamente a favore della regolamentazione dell'eutanasia. Ci sono anche i praticanti saltuari della Messa, stiamo attenti a rinchiuderci nel discorso laici-cattolici. Ci sono molti cattolici che sanno fare la differenza tra le regole per tutti e la propria scelta personale.

Poi c'è un'altra forza che è soggettiva, come sapete, il motto dell'*Associazione Luca Coscioni* è "dal corpo dei malati al cuore della politica". Questa forza soggettiva sono le storie, le persone che vivono in prima persona e che trovano la forza di raccontare e di trasformare in forza politica quello che vivono sulla propria pelle e anche l'energia delle persone che dedicano del tempo. Ci sono tante cose, lo dico a voi, è inutile perché lo sapete già, lo dico anche agli ascoltatori di Radio Radicale e a chi altro sarà raggiunto da questo messaggio, che le battaglie si possono fare a partire dal livello comunale. C'è qui Rita Borrello di Reggio Calabria, che ha fatto ogni guerra possibile sul registro comunale del testamento biologico e sulle iniziative. In ogni sperduto paesino è possibile richiamare l'attenzione della politica locale e del mondo culturale su questo tema. Contattate Matteo Mainardi, che sta coordinando queste iniziative, i registri dei testamenti biologici comunali, regionali, le firme che si possono ancora depositare su internet su *www.eutanasialegale.it* sulla proposta di legge, iscriversi, contribuire. Mi rivolgo, anche, a tutti i soggetti che hanno partecipato alla campagna, l'UAAR, *Exit*, l'*Associazione Luca Coscioni*, il Partito Radicale, Radicali italiani, i movimenti che vorranno aderire, cioè ci sono molti strumenti e molti modi di attivarsi. Prendo spunto anche dal suggerimento di Manfellotto: noi pubblichiamo i videomessaggi di chi ci vuole spiegare perché, singolo cittadino o grande personalità della cultura, dello spettacolo, ritengono questo tema importante, fatelo col cellulare, registratelo, mandatelo a noi e ai vostri amici. Questa è una campagna che sta crescendo e noi abbiamo aggiunto, da oggi, questo elemento della non violenza, della disobbedienza civile. Lo voglio ricordare ancora, Gustavo Fraticelli che ci ascolta da casa, Mina Welby che è qui, io stesso, siamo da oggi associati a delinquere in senso tecnico: abbiamo creato un'associazione, un sito internet *www.soseutanasia.it* per cui possiamo essere denunciati per concorso in omicidio del consenziente fino a quindici anni di carcere. Pubblicamente aiutiamo le persone con informazioni, e sostegno anche logistico, ad ottenere l'eutanasia all'estero, per cercare di provocare lo scandalo, non lo scandalo per fare scandalo, lo scandalo per ragionare e intervenire, per sostituire alla clandestinità le buone regole, la ragionevolezza delle buone regole. Questa ragionevolezza, oltre alle emozioni che porta con sé, è la nostra forza, noi siamo forti, lo è questa sala, lo siete voi.

Grazie per questa giornata, credo, preziosa per tutti.

Ringraziamenti

Il convegno "Liberi fino alla fine: il Parlamento si faccia vivo – L'urgenza di buone regole e buona informazione su testamento biologico ed eutanasia" è stato reso possibile grazie al lavoro dello staff dell'*Associazione Luca Coscioni*: Matteo Mainardi, Elena Paola Rampello, Valentina Stella e Viola Tofani.